手把手教你开微店

为什么我的微店更赚钱

安杰◎著

人 民 邮 电 出 版 社
北 京

图书在版编目（CIP）数据

手把手教你开微店 ： 为什么我的微店更赚钱 / 安杰著. -- 北京 ： 人民邮电出版社, 2016.1
ISBN 978-7-115-41009-2

Ⅰ. ①手… Ⅱ. ①安… Ⅲ. ①网络营销 Ⅳ. ①F713.36

中国版本图书馆CIP数据核字(2015)第268269号

内容提要

移动互联网的发展让微信成为主要的社交阵地，而在电商的营销模式中，微店应运而生，成为众多中小企业的希望之星。

本书一共12章，第1章说明了开微店的背景与作用，第2～4章介绍了微店开设的流程、微店装修与商品管理技巧，第5～11章，分别从微店推广、爆款打造、沟通方法、文案策划、销售技巧、粉丝营销等角度，阐述了如何开好微店，第12章精选了一些典型的案例，帮助读者通过案例来掌握开微店的方法与技巧。

本书从专业的角度，以实战的路线向读者详细介绍了开微店的具体操作和技巧策略。本书图文并茂，内容丰富，加以真实案例分析，使读者能够快速掌握开微店的方法，在移动互联网时代走上低成本创业的道路。本书适合想要了解微店及希望开微店却不得其法的读者，是初始创业者、低收入群体及中小企业不可多得的一本微店开店学习读本。

◆ 著　　　安　杰
责任编辑　郑冬松
责任印制　周昇亮

◆ 人民邮电出版社出版发行　　北京市丰台区成寿寺路 11 号
邮编　100164　　电子邮件　315@ptpress.com.cn
网址　http://www.ptpress.com.cn
北京鑫丰华彩印有限公司印刷

◆ 开本：720×960　1/16
印张：16.25　　　2016 年 1 月第 1 版
字数：300 千字　　　2016 年 1 月北京第 1 次印刷

定价：49.80 元

读者服务热线：(010)81055296　印装质量热线：(010)81055316
反盗版热线：(010)81055315
广告经营许可证：京崇工商广字第 0021 号

前言

没有微店，微商就是摆设！

随着“互联网 +”时代的到来，微店开始成为众人瞩目的焦点。也许有人会问，在 21 世纪，什么行业对创业者来说最可行、最赚钱？答案自然是电子商务。不管你是在校的大学生还是职场的白领，或者实体店的老板，都可以从事电子商务，从中找到自己的价值。而在电子商务领域，微店无疑是一颗最耀眼的明星，它承载了众多创业者的梦想，开创了通往成功之门的捷径，让人站得更高、看得更远！

也许有人说，传统的电子商务平台现如今依然有着很高的人气，是人们购物的首选。不可否认，随着互联网的兴起而崛起的传统电子商务平台，相对于实体店，为创业者开创了一种全新的商品销售渠道，也为广大消费者提供了一种便捷、低价的购物体验，对传统买卖关系的冲击是巨大的、革命性的。但是随着“互联网 +”时代的到来，移动互联网技术随着智能终端设备的普及而渗透到人们生活的方方面面，立足于移动端的微店开始强势崛起，它不仅能够让商家随时随地与消费者互动，而且还颠覆了传统电子平台的局限性，为入驻的商家提供各种货源和分销途径，最大化地提升了店铺的人气，使得每个商家都能找到适合自己的商品，获得适合自己的经营渠道。

放眼未来，我们可以得出这样的结论：没有微店，微商就是摆设。值得庆幸的是，目前微店还处于“崭露头角”的阶段，是一块有待创业者开发的全新大陆。微店推广模式颠覆了传统的营销模式，低门槛甚至是零门槛，使得所有创业者都能轻装上阵，为实现自身梦想而奋斗。

但是有志于在微店大展身手的创业者们必须明白，想要成为一个高人气的微店卖家，除了热情之外，还需要掌握一定的开店方法和营销技巧。本书紧扣“实战”和“营销”，详细地讲述如何开设微店、如何提升人气，帮助读者深入地了解微店运营及商品推广的方法和技巧。相信读者在阅读本书之后，一定能够对微店有一个全新的认知，特别是在微店实战经验和技巧上收获更多的心得，在微店经营过程中更轻松、更具智慧。

目录

第1章

移动互联时代，电商的春天是微店

随着移动互联网以及智能终端设备的普及，出现了越来越多的“低头族”，他们所有的碎片化时间几乎都花费在了手机上，走路看手机，上厕所看手机，工作间隙看手机，中午休息看手机，下班回家后更是抱着手机不松手……在这样的大背景下，电商的春天也就到来了，通过占领移动终端，最终占领消费者的眼球，改变消费者的购物习惯，获得移动互联红利。

1.1 传统电商将成为过去

向前推五年，电商平台绝对是创业者的首选，其火爆的人气以及简单的入门模式，也确实帮助很多创业者实现了梦想，施展了抱负。但是随着移动互联网普及，我们在进入“互联网 +”时代后，慢慢地发现传统的电商平台正在失去先前的光环，不管是对消费者还是创业者来说，其吸引力已经显著下降。

那么在互联网不断向前发展的大潮下，为什么说传统的电商将成为过去呢？

（1）低价，是电商最大的优势，也是其最大的劣势。“互联网 +”如果是简单的拼接，只是将互联网技术应用到过去的某种商业行为中，在风险评估和新鲜体验阶段过后，任何的商业模式都需要给消费者一个继续使用的理由，而低价是一个最直接、最具显性化的手段。在质量不降低的前提下，低廉的价格对消费者的吸引力是显而易见的，传统电商正是抓住了低价这一手段，才会不断地发展壮大。但是持续的低价同样会让简单拼接的商业模式缺少持续优化的动力，为了继续保持低价优势，不同电商平台之间大打价格战，使得产品盈利空间越来越小，以至于有些商家为了保持低价而失信于消费者，“有价无货”，仅仅依靠几款低价但货源极为有限的商品吸引消费者的关注，做钓鱼式促销，造成了发展的不可持续性（见图 1–1）。

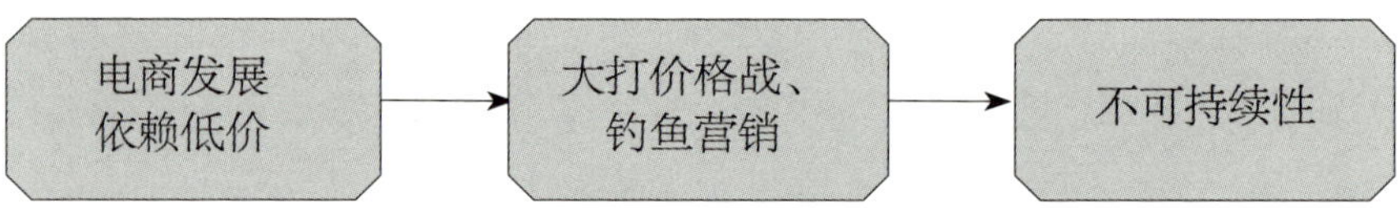

图1–1 电商平台依赖“低价策略”，不可持续

（2）电商平台实际已经变成网上的商业地产公司（见图 1–2）。虽然所有的电商平台都希望所有的商家“百花齐放”，而不是几个大卖家保持销售，因而扶持有特色的小店铺快速地成长。但是现阶段，电商平台商家“大者越大、小者越小”的趋势越发明显，绝大多数新加入的商家挣不到钱，这使得电商平台对卖家的吸引力越来越小。有些电商平台看似火爆，销售额很大，但是其卖家有将近一半都不赚钱，有三成左右

的卖家勉强可以维持生计，而真正赚钱的商家其实只有极少数。

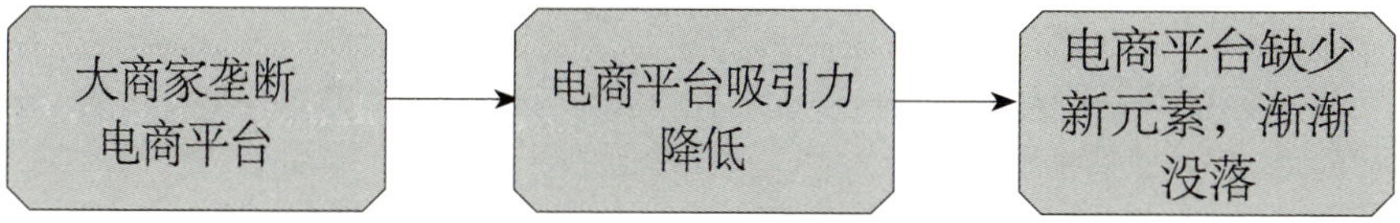

图1-2　电商平台演变成了“网上商业地产公司”

1.2　微信改变了赚钱模式

自从微信诞生伊始，精明的人就从中看到了巨大的商业价值。很多人开始在微信上开店，将产品买卖延伸到互联网领域，赚起了“虚拟空间”的钱。很多实体店的老板们最初并不看好微信，觉得微信仅仅是一种社交软件，即使在微信上开店，没有实体店支撑，犹如无根的浮萍，只是小打小闹，成不了什么气候。但是随着微信持续不断地发展，众多“创客”的加入，把店开进微信，在家就能当老板成为一种潮流，很多人借此实现了自己的人生梦想，微信从此改变了人们赚钱的模式。

那么为什么微信能够承载这样的使命，散发出如此诱人的魅力呢？

（1）成本低，告别实体店。很有有志于创业的人，开店遇到的最大难题就是实体店租金昂贵，开店成本大增。可以说，昂贵的实体店租金成了大多数想要在商业上有所作为的人大展宏图的拦路虎。但是微信出现之后，这个问题一下子迎刃而解，在微信上开店，没有昂贵的房租，操作简单易行，只要你经营的产品质量好，你的服务好，营销技巧高，就能卖出产品，获得利润。

常亮一直想开一家水果店，但是迫于实体店店面租金太高，一直没有将理想变为现实。后来微信诞生，他从中看到了商机，在微信上开了一家小店。最初他从远离市场的水果批发市场寻找合适的货源，一次性批发，然后在零售阶段并不是一件件地卖，而是一箱箱地卖。最重要的是，因为他没有实体店，省去了高昂的租店成本，水果价格低质量却不差，因此深受朋友圈众人的好评。他会骑着电动车送货上门，在朋友圈中赚取的是批发零售差价和上门服务费。后来常亮又亲自跑到水果原产地寻找货源，直接进货，进一步降低了成本。而且他还在朋友圈教大家怎么吃水果，普及水果养生知识，成了大家的养生顾问，微信生意也越做越红火。

（2）想大家之所想，急大家之所急。在微信上开店，在朋友圈赚钱，除了可以不用开设实体店，成本低廉之外，还有一个主要的优势就是能够满足大家的需求，为大家省钱，急大家之所急。换句话说，就是微店满足了大家的需求，有存在的市场，所以微店做得好，是可以不断发展壮大的。

微微在微信开了一家花店，她的经营宗旨就是“想大家之所想，急大家之所急”，有时候甚至还会免费给朋友圈的人送花。而大家也有这方面的需求，特别是年轻人，遇到恋人生日、朋友的喜事，都会选择送花。但是因为他们平时要上班，或者想要制造惊喜，不方便自己亲自送达，所以会请微微帮忙。微微便会在客户指定的时间将花送到某地某人的手中。朋友圈众人买的是一份浪漫，送的是一份惊喜。微微每天的生活就变成了发微信、接单、制作鲜花、送花上门，生意异常火爆。

（3）构筑更加和谐的人际关系。在微信上开店，除了卖产品之外，还会和朋友圈众人沟通，谈谈家常，说些生活感悟，让你和别人之间的关系更加和谐，更加信任彼此。也就是说，在家开微店，你所获得的不仅仅是商业上的利润，还会收获和谐的人际关系，找到更多的朋友，让生活变得更加美好。

1.3 微店成为移动电商的新商机

21 世纪初，随着信息技术的飞跃发展，“互联网 +”的时代大潮已经席卷人们生活的方方面面。托马斯·弗里德曼在《世界是平的》一书中阐述了这样的观点：互联网的流行和普及，跨越了国界，抹平了世界。

近年来，移动互联网已经成为我国互联网发展的亮点。移动互联网的快速发展让人们深切地感受到了从“人随网走”到“网随人走”的巨大转变，使得互联网真正实现了“无时无处不在”，让人们真真切切感受到了“移动改变生活”，而移动让生活变得更加美好也就成为现实。在这种大趋势下，微店应运而生，展现出了强大的生命力和适应性，在很短的时间内就快速地发展和壮大起来。

1.3.1 什么是微店?

互联网开始发展的时候，很多人看到了互联网经济的“蛋糕”，在淘宝或者其他传统电商平台开设虚拟小店，当时人们将这种在网上开设的店铺称为“网店”。然而随着互联网的迅猛发展，微博、微信等社交平台移动 App 客户端的问世，很多人也从中嗅到了巨大的商机，但是缺少实现的途径——传统的互联网网店不适合开社交平台手机 App 上。在这种大背景下，微店应运而生。

微店并不是特指某一种开店软件，而是指以专门开发的 App 软件为载体进行产品销售的电子商务，是伴随着移动互联网的快速发展而兴起的一种网络营销模式。微店营销是通过智能手机或平板电脑等移动终端来实现的，它是一种线上线下的互动营销模式，通过各种自媒体进行营销推广活动，最大限度地提升人气，树立口碑。

微店买卖的对象很广泛，可以是具体的物品，也可以是虚拟的物品或者是服务。在这样的模式下，人人都可以是买家，人人也可以是卖家。举个简单的例子：你是一个美容达人，经常体验不同的产品，你通过微店买到了一款又好用又实惠的面膜，因为效果好，你把这款面膜发到了朋友圈与朋友分享，而你的同事和朋友们也正在寻找一款好用的面膜，大家相信你的眼光，纷纷找到你让你代购。你找到了源头进货，因为数量多拿到了合理的进价，卖给了你的朋友。你的朋友们享受到了这款面膜带来的功效，你赚到了差价，这个过程其实就是微商的代理营销模式。

1.3.2 为什么大家都在开微店?

很多创业者之所以将微店作为实现自己人生理想的渠道，主要是微店具有别的渠道所不具备的特点，有利于梦想更快、更好地实现。具体而言，微店具有以下特点，是实体店和电商平台所不具备的。

（1）低成本甚至是零成本。

想要创业，成本是必须面对的第一道坎。很多人在在创业之初，面对高昂的房租或者进货成本束手无策，因为手中无钱或者资金不足而苦恼不已。而微店的出现则彻底打破了这一束缚，有些微店只需要缴纳少许费用，有些微店则完全免费注册（见图 1-3），商家就能拥有一家属于自己的小店。如此一来，微店也就因其低成本甚至是零成本，成为众多创业者的首选。另外在产品进货成本上，商家也可实现低成本甚至零成本，很多微店都支持代理代销模式，商家只需大力宣传产品，就能赚取丰厚的佣金。

图1-3　免费注册的微店

（2）自媒体的兴起为微店安上了腾飞的翅膀。

以前商家创业的成本，除了高昂的房租和产品进货成本外，产品营销过程中的广告宣传成本也非常高，在电视台做广告是很多小商家可望而不可即的，即使在传统的纸媒报刊上进行广告宣传，最终的费用也非常高。而随着微博、微信等自媒体平台的诞生和迅速发展壮大，横亘在商家面前的这一难题迎刃而解。商家可以通过自媒体平台随时随地宣传自己的微店和产品品牌，诸如在微信朋友圈做推广（见图 1-4），通过朋友们的信任背书，让更多的人了解微店品牌，提升微店人气，树立微店口碑。

图1-4　微信上很多功能都能变身“推广利器”

（3）获利快。

开微店近乎零成本，又因为其开设简单，进货渠道多样，营销方法繁多，所以只要微店商家商品质量良好，有自己的特色，营销方法实用，那么获利就会很快。更重要的是，和传统的实体店相比，微店由于不需要特别的仓库，不需要大量进货备货，所以资金周转更灵活，而灵活、充沛的资金流必然会带来更多的商品项目，为微店上架商品的增多奠定了资金基础，而商品种类的增多则进一步扩大了微店的盈利能力。

1.3.3　哪些人适合开微店?

微店人人可开，却不是人人都适合开，也不是人人都能通过微店获得丰厚的回报。

也就是说，想要通过微店盈利，首先应该确定自己具备不具备相应的条件，那么哪些人才适合开设微店呢?

（1）时间富余的人。开设微店虽然在金钱上投入比较少，甚至是零成本，但是在时间上却需要大量的投入：产品的推广需要时间，文案撰写需要时间，和消费者沟通需要时间，24 小时客服更需要时间……假如一个时间不是很富余的人开设微店，就可能因为没有太多的时间推广产品、没有时间回复消费者的咨询而致使微店人气凋零，订单稀少。另外在消费者下单之后快速发货方面，也需要花费大量的时间，发货迟缓只会给消费者留下坏印象，严重损毁微店的口碑。

（2）有自己产品的人。开设微店需要有商品出售才能获利，假如有自己的产品，就免除了四处寻找货源的劳神奔波之苦，在保证商品售价优势上就具备天然优势。假如产品有自己的特色，是别人不曾销售过的或者属于市场上的稀缺产品，开设微店就占据了先天优势。在这些情况下开一家微店，将产品投入市场，再配合好的宣传方法，产品就能迅速获得消费者关注，短时间内聚集起大量的人气，成为众人抢购的爆款。

（3）有志于创业的人。对有志于创业实现自己梦想的人来说，微店是一个不错的选择。创业是一个非常辛苦的过程，它不可能一帆风顺，需要创业者付出足够的毅力和耐心来坚持。而微店在最初开业的时候，大都会经历一个沉寂期，这个时候，商家的坚持和耐心是最重要的，需要用长远的眼光看待微店。也就是说，谁对自己有信心，谁对产品有信息，能够坚持不懈地推广，耐心地经营，谁才适合经营微店。

第2章

新手入门，不开没有准备的微店

作为一个新手，在微店创业之前，必须详细地了解各种微店，熟知每一种微店 App 的具体功能和特色，这样才能结合自己的实际情况，选择最适合自己的微店模式。正所谓“适合自己的才是最好的”，详细了解了，调查了，找到最适合你的微店，就意味着你的创业之路成功了一半！

2.1 常见的微店模式

微店并不是一个专属名词，其种类繁多，主要可以归纳为 3 种类型：其一，平台类微店，诸如微信小店、京东微店、淘宝微店、口袋购物微单；其二，以服务类型为主的微店，诸如微盟、各大电商平台自己推出的微店；其三，由个人推出的一种建微商城的工具，应用人数比较少。

本节主要从最常见的微店模式入手，详细地向大家介绍几种微店模式，带领大家熟悉微店的历史，为之后更好地运用微店打下坚实的基础。

2.1.1 微店

微店是由北京口袋时尚科技有限公司开发的手机 App，它可以帮助商家轻松在手机上开店（见图 2-1）。微店是随着移动互联网的快速发展而诞生的新生事物，每个人，只要拥有一个手机号码，就可以注册一个属于自己的微店，并且可以通过分享模式让微店商家的好友或者粉丝帮助宣传微店。相对于电商平台，微店大大降低了开店门槛，手续简单，而且回款快，不向商家收取任何费用。后续的章节将以微店 App 为例，详细介绍微店的使用方法，所以本节不再详细介绍。

图2-1 微店App下载页面

2.1.2 微信小店

2014 年 5 月 29 日，“微信小店”在微信官网公共平台上正式上线，从而将种类各异的小店搜罗到了微信中。只要你登录微信的服务号，就能轻松开设一家属于自己的“小店”，其包含有商品上架、货架管理、客户关系维护、维权等各种功能板块，方便微商快捷高效地运作。

需要注意的是，想要开一家属于自己的微信小店，必须满足下面两个条件：一方面，你的账号必须是微信服务号；另一方面，微信要开通微信支付接口，方便收款和付款。不管是服务号还是微信支付，都需要进行企业认证。有了自己的微信小店，即使你没有任何技术开发背景，也能够开启电商模式，对产品进行分类陈列，实现“零成本、赚大钱”的梦想。当然，假如你具备开发能力，还可以利用 API 接口“创造”出更加灵活实用的功能板块，比如你可以自己开发一套商铺系统，通过相关的接口更加方便地管理商品数据等内容。

微信认证。

在进行认证前，微商需要准备好相关的一些材料，如营业执照复印件、公章等，机构则需要组织代码证复印件以及公章、法人信息证等。

微信认证的具体流程如下。

（1）登录微信公众平台，最好是服务号，这样认证以后的功能才会更多，使用起来也会更加方便。

（2）找到申请微信认证的入口，现阶段有两种方法可以进入:其一,点击“服务”—“服务中心”—“微信认证”选项;其二,点击“设置”—“账号信息”—“认证情况”—“申请微信认证”选项。

（3）点击“微信认证”，进入微信认证申请步骤。点击“申请”按钮，进入申请微信认证的“同意协议”界面。

（4）选中“同意协议”复选框,点击“下一步”按钮,进入“同意命名规则”界面。

（5）选中“同意”复选框，然后点击“下一步”按钮，进入“填写资料”界面，根据自身的账号类型选择企业或者媒体，并且如实填写认证资料。企业对公账户为必填项，在审核过程中第三方审核公司会向该账号进行打款验证，用户必须如实填写，以免影响到认证结果。

（6）所填写的资料填写完毕后，继续点击“下一步”按钮，进入“填写发票”界面，默认开具增值税普通发票。如需开具增值税专用发票，可以联系微信客服授权获取。当然加入不需要，也可不填写，直接跳过该步骤进行付款即可。

（7）进入“支付审核费用”界面，目前只支持微信支付，所以用户需要使用手机来支付认证费用。

（8）在手机上打开微信 App，扫描二维码来获取订单，然后用手机付款即可。

（9）支付成功后，即进入认证审核阶段。页面上会公布第三方审核公司的联系电话，在审核过程中该公司可能和你进行电话联系，沟通一些具体的细节问题。

（10）认证成功的公众账号，会在微信 App 公众账号页面详细展示认证标识。点击“认证详情”选项，用户即可查看具体信息。

微信开店

“微信小店”的具体开店步骤如下。

（1）添加商品。商家首先需要选择相应商品类目，然后再按照指引填写商品的基本信息，包括商品的名称、图片、运费、库存、详细介绍等。

（2）管理商品。主要有以下两部分：其一，将上架的商品进行分组，将同类别的商品归类；其二，商品上下架，保持商品的合理更新。

（3）管理货架。货架是指商家用来承载商品的模板，每一个货架是由不同的控件组成的。商家在选择完货架后，可以将分组管理中的商品添加到货架中去，然后选择编辑好的货架，点击“发布”按钮，即可将货架商品发布出去。

（4）查看微信小店全貌。发布完成后，商家可以查看小店的所有数据信息，比如订单信息、商品成交数额等。

（5）管理订单。买家付款之后，微店后台便会自动生成一份订单，商家可以查询订单，及时发货。

2.1.3 微店网

微店网是由云商微店网络科技有限公司推出的一个云推广电子商务平台，微店网一上线就受到了励志创业者的好评和追捧，因而造就了一大批成功的微商微店。微电网既为广大创业者提供了一个便捷开店的途径，也为商家提供了一个优质高效的网络营销途径，降低了宣传成本。

微店网秉持云销售的电子商务模式

传统的电子商务平台给予商家的仅仅是一个网上的独立店铺，当商家通过摸索熟悉了这个店铺怎么操作和运行的时候，惊讶地发现虽然有很多消费者在这个平台上购物，但是自己店里的产品却排在搜索、分类几千甚至上万页商品的末尾。这样一来，消费者在登录平台浏览商品的时候就很难发现你的产品，商家根本销售不出几件产品。想要改变这种情况，商家必须拿出大量的经费在平台首页做广告，成本非常高。

而微店网则不同，采用的是云销售的电子商务模式。进驻微店网的商家不需要支付任何费用就可以注册一个“微店”，而且商家发布的产品信息会储存于云端产品库，也就是说，每一家微店都是和云端产品库相关联的，很多没有货源的微店店主在看到你的产品信息后会主动推广和销售，微店商家只需要设置好推广佣金即可（见图 2-2）。

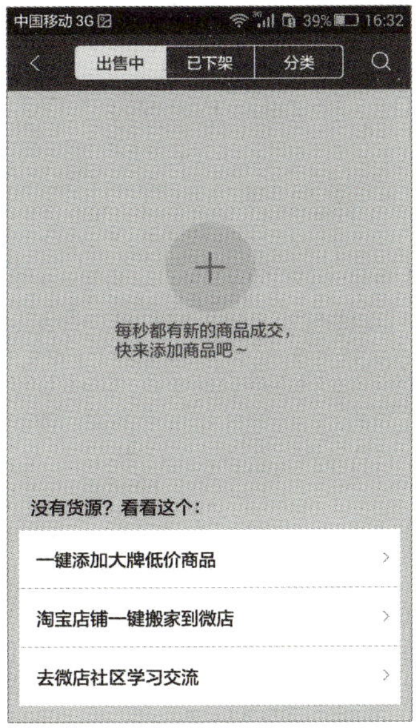

图2-2 无货源商家能够通过代理“赚钱”

微店网开店流程

在微店网开店非常简单，登录网店网官网，在首页右上角有“用 QQ 登录，即送微店”和“5 秒开微店”选项（见图 2-3），想要开店的商家可以根据自己的实际情况任意选择其中 一项，点击进入相应页面。

图2-3 无货源商家能够通过代理“赚钱”

假如选择“5 秒开微店”，商家只需要获得一个推荐人的微店号和昵称，然后设置自己微店的登录密码和填写手机号（见图 2-4），微店网审核过后商家即可发布产品。微店注册成功后，商家需要发布产品信息到云端产品库，借助后台的产品发布功能自定义好产品的属性和描述，并填写零售价和推广佣金。然后系统会在无数微店展销商家的产品，如果被消费者看中，商家就有了第一单生意。

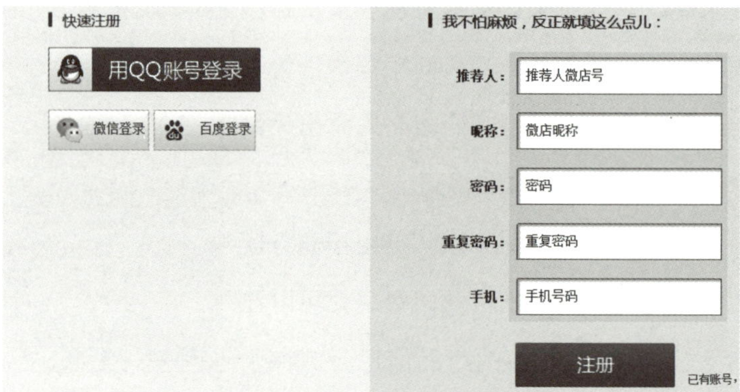

图2-4 微店网开店注册页面

2.1.4 有赞

有赞是由杭州起码科技有限公司开发的“微店铺 + 微粉丝”平台，一言而概之，就是帮助商家管理客户，服务客户，并通过丰富的营销手段，产生交易、获得订单的平台。有赞前身名“口袋通”，用户基数比较大。

有赞开店的具体方法非常简单方便，而且所有服务都免费，具体方法如下。

（1）在计算机上登录有赞官网（www.youzan.com），即可看到“立即注册 免费开店”红色按钮（见图 2-5）。

（2）点击“立即注册 免费开店”按钮，就会进入注册开店页面（见图2-6）。按照要求逐条填写，填写完毕后，点击“确认注册”，即可拥有自己的有赞微店。

图2-5 有赞官网

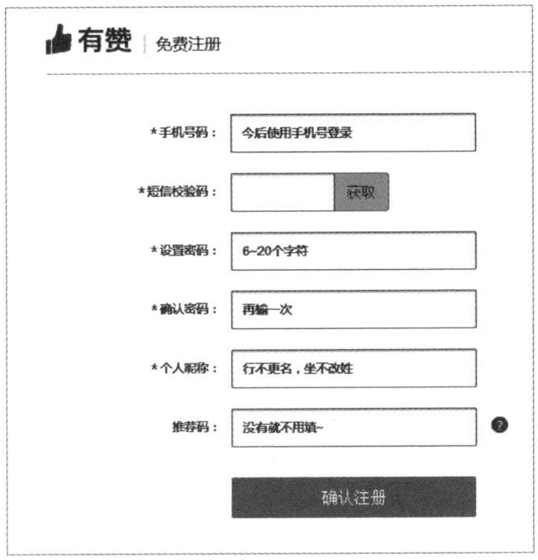

图2-6 有赞开店注册页面

（3）注册成功后，进入“选择公司店铺”页面（见图2-7）。商家可以点击此页面中的“创建店铺”按钮，创建属于自己的微店。

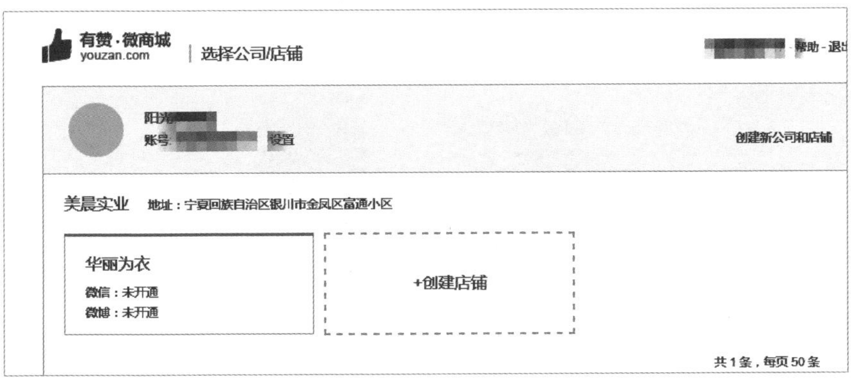

图2-7 “选择公司店铺”页面

（4）执行操作后，跳转至“创建店铺”页面（见图2-8），商家按照要求填写想要创建的店铺名称、主营项目、联系人名称、联系人手机号等资料后，点击“创建店铺”按钮。

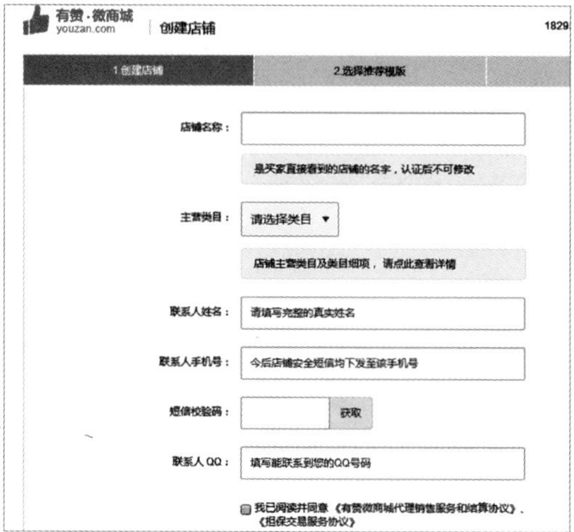

图2-8 “创建店铺”页面

（5）执行操作后，就进入“选择推荐模板”页面（见图2-9）。在此页面，商家可根据自己的商品经营类型和范围选择最适合的店铺模板。

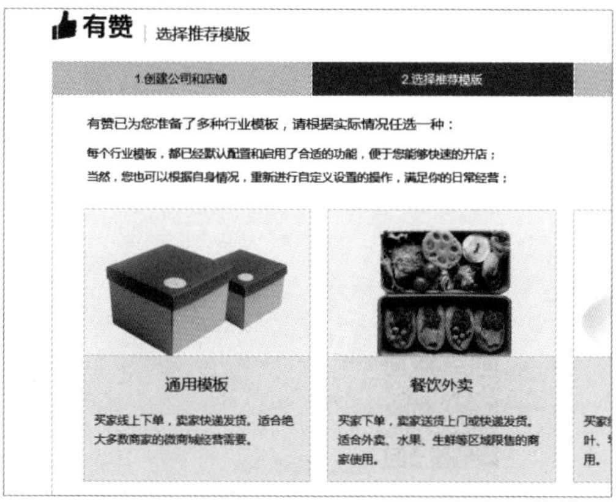

图2-9 “选择公司店铺”页面

（6）选好模板后，店铺创建也就完成了（见图2-10）。这个时候假如有微信公众号，可以点击相应按钮进行设置。微信公众号设置后，商家可以获得更丰富的高级接口，向消费者提供更有价值的个性化服务。假如暂时没有微信公众号，则可以点击“马上装修店铺”，进入店铺装修页面。

图2-10　有赞微店创建成功

2.1.5　京东微店

京东微店是基于京东商户平台、微信及微信公众号平台构建的移动购物解决方案。最初，京东微店仅仅对 QQ 网购商户和部分京东商户开放，随后其自身不断完善，目前对非 QQ 网购商户的招募标准已经基本成型，能够为大众提供微店平台，满足大家创业的愿望。

京东商户申请开通京东微店的流程

（1）京东商家可以在京东微店页面点击“入驻微店”选项（见图 2-11），跳转到注册页面（见图 2-12），填写好用户名和密码，京东验证之后就可以登录京东微店。

图2-11　京东微店入驻页面

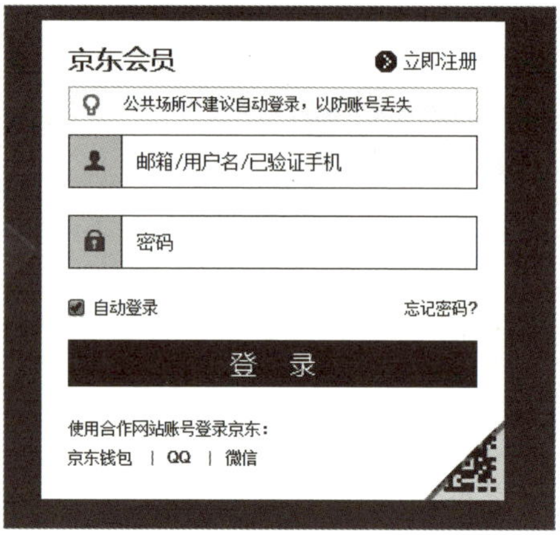

图2-12 京东微店注册页面

（2）登录成功后，会显示一个京东微店协议，单价“下一步，提交申请”按钮，就会进入资质填写页面，填写公司店铺名称等相关信息后，点击“下一步，提交申请”按钮，弹出确认框，点击“确认提交”按钮，资料提交成功。

（3）缴纳相应的费用，开通京东微店需要交 20 000 元的诚信保证金，还有后期的微店平台年费和交易技术服务费。

（4）商家提交的资料京东审核认证后，就意味着成功开通微店了。商家可以在“京东微店招商首页—我的招商中心—申请京东微店入驻”页面中查看具体的入驻进度。用户在提交申请资料完整有效的情况下，可在 17 个工作日内完成所有的入驻流程。

京东微店的 3 种店铺类型

（1）旗舰店。商家以自有品牌入驻京东微店开设的店铺可以称为旗舰店。具体而言，旗舰店的类型可以细分为 3 种：其一，经营一个自有品牌商品的旗舰店；其二，经营多个自有品牌且各个品牌归属同一实际控制人的品牌旗舰店；其三，由服务类商标所有者开设的卖场型旗舰店。

（2）专卖店。所谓的专卖店，是指商家持有品牌授权文件而在京东微店开设的店铺。这类专卖店一般包括下面两种：其一，经营一个授权销售品牌商品的专卖店；其二，经营多个授权销售品牌商品的专卖店，且各个品牌归同一实际控制人的专卖店。

（3）专营店。京东专营微店是指经营同一招商大类下两个及以上品牌商品的店铺。专营店具体可以分为 3 种：其一，经营两个及以上他人品牌商品的专营店；其二，同时经营他人品牌和自有品牌商品的专营店；其三，经营两个及以上自有品牌商品的专营店。

2.1.6 中兴微品会

中兴微品会是一个基于手机终端的电子商务交易软件，由中兴通讯股份有限公司注册和运营。对想要开店的商家来说，中兴微品会使用起来非常简单方便，而且能够迅速积累用户数，为合作商家和消费者创造更多的价值（见图 2-13）。

图2-13 中兴微品会App登录界面

中兴微品会在微店中首先开创了 B2C2C 模式，非常巧妙地糅合了企业品牌、线上商家以及消费者，将 3 种不同的角色有机地统一起来。作为一家移动电商平台，中兴微品会主要为中兴手机、控哪儿智能穿戴设备、全棉时代精美生活品等提供低成本的营销平台。

中兴微品会注册完全免费，用户在 App 注册时，只需要填写手机号码（见图 2-14），获得验证码，即可成功注册，登录中兴微品会。

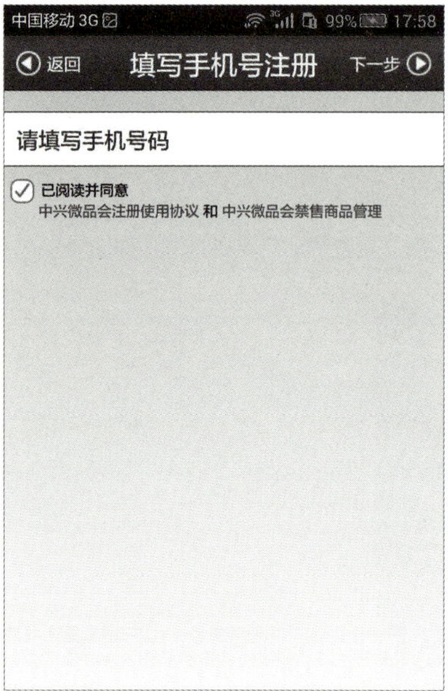

图2-14　中兴微品会注册页面

用户成功注册成为中兴微品会商家后，就可以进行零成本开店，运营自己的生意了（见图2-15）。在手机 App 上，商家可以添加商品，推广产品，成交的订单越多，返利也就越多。在这种开店模式下，商家可以节省很多销售产品的渠道费用，再加上在中兴微品会开店零门槛，它将之前困扰着商家的进货、发货、售后等各种烦琐环节都承包了，使得商家操作起来更加顺畅，经营起来更加灵活。这些环节的减少，对消费者来说也意味着更便利的购物环境和更优惠的购物价格，消费者在中兴微品会将获得更大的消费满意度。

图2-15　中兴微品会微店App界面

2.1.7　微猫

微猫是以新浪微博为接口的社会化电子商务平台，其最大的特点是传播性极强，能够在所有社交网络宣传产品信息，为商户提供便利、快捷、高效的推广渠道。在微猫上开店，商户可以轻松地建立起自己的专属客户群，随时随地进行商品买卖；另外，商家还可以代理别人的产品，赚取佣金，实现零成本开店的梦想。

微猫开店的具体操作步骤如下。

（1）登录微猫官网（http://www.wemart.cn），点击右上角的“注册”按钮（见图2-16）。

图2-16 微猫官网

（2）执行操作后，系统会跳转到注册页面（见图 2-17）。用户按照提示依次输入手机号、验证码、密码，之后点击“立即注册”按钮。

图2-17 微猫注册页面

（3）执行操作后，跳转到“选择您的店铺类型”页面（见图 2-18），点击“完成”按钮，微猫注册即完成。

图2-18　微猫“选择您的店铺类型”页面

（4）注册完成后，会进入微猫移动商城。在这个页面，会出现一个“新手引导”页面（见图 2-19），分 6 步引导新注册成功的商家了解微猫的功能，帮助新商家给店铺起名，上架产品，装修店铺，设定提现账号以及 App 绑定等。

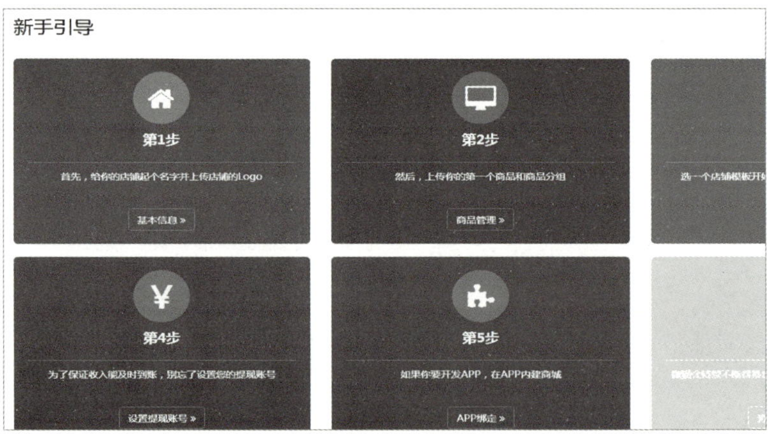

图2-19　微猫“新手引导”页面

（5）除了“新手引导”之外，在商铺左边还有一个“店铺概览”框（见图 2-20）。商家在此框中可以进行商品管理、店铺管理、订单处理、营销活动等操作，并可以查看数据中心和扩展功能，及时了解微店的总体运行数据和新功能。

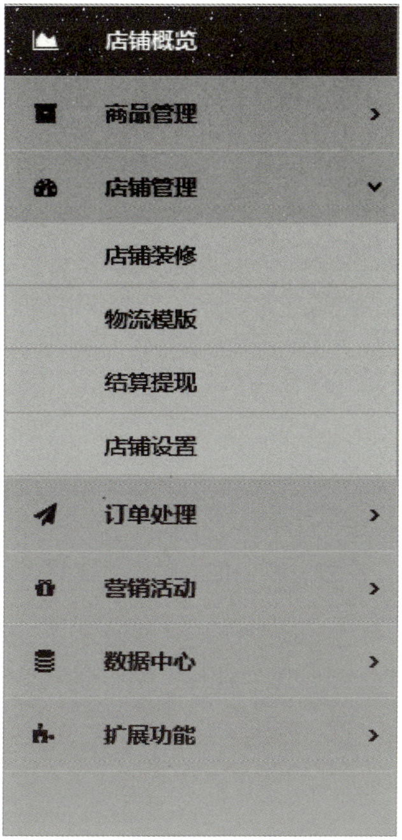

图2-20 微猫店铺“店铺概览”框

2.2 选择适合自己的微店

在对微店有了一些了解之后，很多有志于微店创业的人就迫不及待地想开一家属于自己的微店。虽然微店开起来很容易，但是在开之前，相信很多人不得不面对这样一个问题：现阶段微店种类比较多，到底应该选择哪种微店呢？

有道是“适合自己的才是最好的”，不管是工作还是生活，购物还是消费，莫不如此。同样的道理，想要开店以后生意兴隆，就必须了解这些微店平台的特点，然后结合自身特点，选择最适合自己的微店平台。

微信小店

微信小店依托微信这个用户基础广泛的社交平台，能够非常轻松地给店铺带来大量的人气。需要注意的是，在申请微信小店的时候也有一定的限制，需要通过微信认证并且开通服务号，还需要个体营业执照，甚至需要缴纳一定的保证金。这样一来，微信小店的门槛就会被抬高。另外商家在微信小店的支付方式也只能选择微信支付，不能使用支付宝、信用卡等。但由于目前微信平台的人气超高，微信小店依然是众多商家开店的首选，关注度一直很高。

微店网

微店网最大的一个特点就是可以帮助商家解决货源难觅的问题，假如想要开店者没有自主产品，进货渠道比较匮乏，则可以优先考虑微店网开店。目前微店网的应用群体主要包括供应商和微店主，供应商将货源、物流以及售后服务提供给各位微店店主，而商家只需要负责推广工作就可以了。而且微店注册没有任何门槛，不管是谁，只要在微店网上注册了微店账号，就等于拥有了所有入驻微店网供应商全部产品的销售权。而且微店网拥有网页版和手机版两种版本，使用起来非常方便。需要注意的是，微店网也存在着一定的弊端——由于微店商家看不到供应商的产品实物，所以无法很好地掌控产品的质量，保证不了消费产品的正品率。

中兴微品会

虽然和其他微店平台相比，中兴微品会显得有些小众，但是商家通过这个平台能够出售中兴通信的任何一款产品。当然，除此之外，商家还可以根据自己的需求添加其他产品，至于发货和售后服务等问题，中兴微品会会统一帮助你解决。

口袋通

对于一些企业经营者来说，口袋通会是一个非常不错的选择。相对于个人来说，虽然企业在微店平台选择上比较灵活，如微商城、微信生意宝、微意购等，但在这些平台上开店是需要缴纳一定费用的。而口袋通则完全免费，它不但能够为商家提供虚拟店铺，而且还可以帮助商家做好粉丝管理工作。需要注意的是，口袋通注册有一定的门槛，即必须是正规商家，而且商家的微信公众号必须是服务号。

口袋购物

假如微店店主同时还是一个淘宝店主，那么口袋购物将是一个不错的选择，因为店主可以一键将自己的淘宝店“搬运”到口袋购物平台上。这样一来，开店过程势必简单许多。另外口袋购物上开店不设任何门槛，不收取任何费用，且平台还在不断完善中，已经成功实现了微店的导流，具有非常可观的发展势头，非常适合心怀梦想的创业者。

这里暂且列举了目前比较常见、实用的几款微店 App 应用。有志于开设微店的创业者要根据自己的实际情况，结合各个微店平台的特点，选择最合适自己的平台。总之，想要做出成绩，就必须在开店之前对这些平台进行了解，权衡利弊，进行客观、细致的分析，然后结合自己的情况和定位，进驻最适合自己的微店。

2.3 找到合适的售卖产品

微店商家在选定微店平台之后，需要考虑的就是产品货源了。对微店商家而言，并不是所有的产品都合适在微店进行销售，微店商家想要让微店不断地发展壮大，就必须找到适合的产品。从一定意义上讲，微店产品合适与否，能否为消费者所认同和接受，直接决定了微店未来的发展空间。

2.3.1 不是所有产品都适合在微店销售

想要开设一家成功的微店，必须要有适合出售的产品。因此要明白的一点是，并不是所有的产品都适合网络销售，选对了产品，你的微店其实就已经成功了一半，选不对产品，则意味着你的微店失去了发展壮大的基础。

那么在选择微店产品时应该坚持哪些策略呢？

（1）差异化的竞争策略。有道是物以稀为贵，人们都喜欢那些相对来说比较难以得到的东西。所以微商在选择产品的时候，一定要避免选择那些随处都能买到的产品。因为假如你所销售的产品在什么地方都能买到，而你的产品在价格上又不占什么优势，那么消费者肯定不会浪费时间和精力购买你的产品；如果你的产品价格便宜，去掉运费等费用，最终利润会很微薄，做起来就不合算。所以微商要尽可能找一些在实体店很少能买到的产品，这样对消费者的诱惑才最大。

（2）成本领先策略。有很多商品在不同的地区价格差别会很大，比如家电类产品，在沿海地区的售价也许会比西北地区便宜得多，而收藏品，比如古币、文玩等，在古都城市又会比沿海城市便宜。所以对微商来说，在选择产品的时候应该先从自身所在的城市着眼，看看是否存在其他地方没有的产品，这样微商才能“近水楼台”，获得最高的利润。所以微商在选择产品时一定要充分利用好地区差异，坚持低价低成本，力求用最少的投入获得最大的经济效益，学会利用地区价格差异来推销产品，赚取利润（见图 2-21）。

图2-21　富有地方特色的产品有利于成本领先

（3）专业化的相对创新策略。对微商来说，最好选择那些自己相对熟悉的产品，因为不熟悉的产品摸索起来有难度，花费了时间和精力，最终也不一定能够成为专家。所以微商选择产品时尽量不要涉足自己不熟悉的领域。假如你热爱手工艺品，喜欢十字绣，喜欢创造性的东西，那么你不妨开一家售卖纯手工制品的微店，特色的产品无论在什么地方都会受欢迎；假如你痴迷摄影，那么你不妨开一家售卖数码产品的微店，这样你会在同买家交流的过程中如鱼得水，将自己的特长发挥得淋漓尽致，时间长了，消费者便认定你是数码领域的专家，对你的服务非常满意，如此微店的口碑自然会被树立起来。

2.3.2　有自己的产品

对微商来说，假如拥有自己的产品，不需要依赖别人进货，对之后微店的经营管理来说是非常有利的。自己有产品，意味着在今后的经营过程中不受制于人，能够在产品价格上制定丰富的营销策略。这样一来，微店成功提升人气和树立口碑的概率也会变大。

分析产品的市场销售前景

有了自己的产品，并不一定适合在微店上销售，你应该先分析一下这种产品适不适合在微店上销售，有没有市场前景。当你的产品符合以下要求，就可以尝试微店销售：体积小，否则配送不方便，运输成本会很高；附加值高，假如单价产品价值低于运费就不适合微店销售;具备时尚性，因为微店的顾客群中年轻人占大部分，他们热衷于时尚元素;产品具有独特性，这类产品往往都是消费者比较热衷的，网下没有，只有在网上才能买到。

展现产品价格优势

有自己的产品，意味着微商在制定产品价格时有更大的自主权。一般而言，拥有自己的产品，省去了中间的各种进货成本，价格就会低很多。而产品的价格显然是影响消费者选择的重要因素之一，可以说，在同类产品中，谁的价格更低，谁的人气就更高。所以拥有自己产品的微商不妨在产品价格上做文章，让产品保持一个相对低的价格，这样一来势必会极大地吸引消费者的注意，提升微店的人气，树立微店的口碑。

发货速度要快

有自己的产品，不仅意味着具有价格上的优势，还意味着你省去了进货的时间，在发货速度上具有优势。所以你需要建立起快速发货的服务特色，并将之作为构建微店口碑的重要基石，长期坚持下来，这样你的微店才会获得消费者的认可，成为大家的不二选择。

2.3.3 没有自己的产品

相对那些有自己产品的微商来说，没有自己产品的微商经营压力会比较大，这类微商需要从别人那里进货，因而在产品价格上优势相对较小。那么这类微商适合经营什么样的产品呢?

（1）手机通信设备。对没有自己产品的微商来说，选择手机通信类产品会很有前途。特别是在“互联网 +”时代，对很多年轻人来说，手机不仅仅是一种通信工具，而且还是时尚和个性的代表符号。所以微商可以紧盯电子产品市场信息，及时引进最新款式的手机（见图 2-22），永远不会缺少年轻人的追捧，并且还能带动相关配件、充值卡等商品的销售。

图2-22　市场需求大的手机产品

（2）化妆品。俗话说“爱美之心人皆有之”，特别是对女性来说，变得越来越美丽永远是其追求的目标。所以对没有自己产品的微商来说，抓住女性消费者的需求，经营化妆品是个不错的方向。你可以通过代理某些化妆品品牌拿货，在保证品质的前提下保持适度的价格，必定能吸引女性消费者的注目。假如你能开拓海外途径，销售一些国内流行的国外化妆品品牌，质优价廉，那么你的微店一定会名气大增，利润自然也会水涨船高。

（3）母婴用品。结婚生子，繁衍后代，是每个家庭的大事，特别是在计划生育的时代大背景下，孩子更是城市家庭的绝对核心，父母在孩子特别是婴幼儿身上投资绝对是最舍得的。所以母婴用品可以作为微店经营的一个主要方向，只要你所经营的产品质量过硬，价格合适，再加上你优良、贴心、快捷的服务，那么你的微店一定能够获得消费者的认同。

（4）地方特色产品。每个地方都会出产一些特色产品，只要你细加留意，就会发现你所在的地区也不例外。虽然你没有自己的产品，但是你可以通过收购获得产品，放在自己的微店销售。你需要做的是主打地方特色，保证产品的真实，质量过硬，提升发货速度，那么时间久了，你的微店人气也会慢慢提升上去。

2.4　下载微店应用

移动互联网时代，微店商家大多倾向于使用手机开微店，以便于随时随地进行管理。这样一来，不管是管理店铺，还是进行商品交易，都需要下载相应的手机 App。很多商家因为不得门路，找不到下载微店手机 App 的方法和途径，其实只要方法得当，下载微店是一件非常轻松的事情。

2.4.1　二维码下载微店应用

我们可以将二维码看作进入网络的门户，商家通过手机扫描二维码后，可以直接跳转到微店 App 的下载页面，使用起来非常精准、便捷。

商家可以通过以下步骤进行二维码扫描下载。

（1）在计算机上登录微店官网（http://www.weidian.com），微店商家需要根据自己手机的系统类型选择相应的系统版本（见图 2-23）。

图2-23　微店官网下载页面

（2）将鼠标移动到相应的手机系统版本选项按钮时，在按钮的上方会显示出相应的二维码（见图 2-24）。这个时候微店商家使用微信扫码功能，将摄像头对准 App 下载的二维码进行扫描，就会生成扫描页面（见图 2-25），点击“免费开微店”，就会跳转到微店下载页面（见图 2-26）。

图2-24　鼠标移动到系统选项按钮，弹出二维码

图2-25　微信扫码后获得的页面

图2-26　微店下载页面

（3）点击“应用宝高速下载”按钮，之后会进入下载页面，提示相应的下载进度（见图 2-27）。下载完成后弹出“安装”页面（见图 2-28），点击“安装”选项，即进入微店安装程序（见图 2-29）。

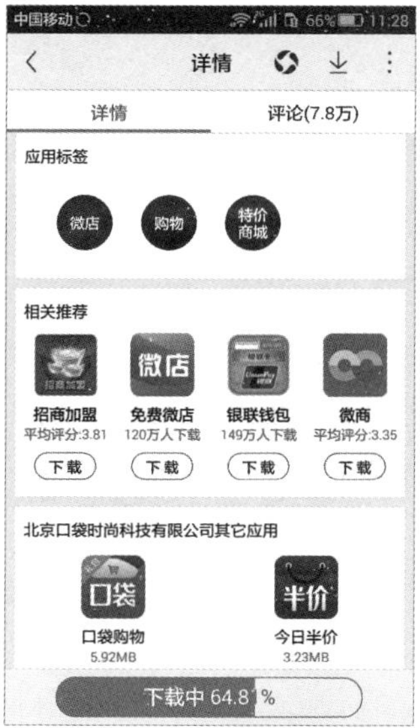

图2-27　微店下载进度提升

图2-28　微店安装页面

图2-29　微店安装提示页面

（4）安装完成后，页面上会提示“应用已安装”（见图 2-30），用户可以根据自己的需求点击“完成”或者“打开”。点击“打开”选项后，用户即可进入微店注册和登录页面（见图 2-31）。

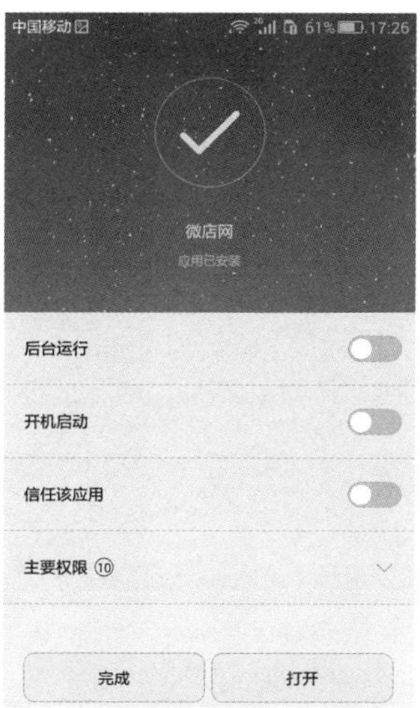

图2-30　微店已安装

图2-31　微店打开后页面

2.4.2 官网下载

用户可以通过计算机登录微店官方网站，通过手机数据线将官网上的程序软件下载到手机上，生成网店 App。虽然这种方法看起来比较麻烦，但是却能节省流量。另外这种下载方式速度也比较快，能够在很短的时间内完成微店手机 App 的下载。

具体步骤如下。

（1）在计算机上登录微店官网（见图 2-32），将鼠标移动到页面上和手机系统相匹配选项，在弹出的二维码下点击“下载安装包”（见图 2-33），就会进入“微店 App 官方下载”页面（见图 2-34）。在“保存到”里选择“桌面”，点击“下载”，下载完成后，微店 App 程序即可在计算机桌面找到。

图2-32 微店官网

图2-33 下载安装包选项

图2-34　下载提示

（2）插入手机数据线，连接计算机，使二者同步。需要注意的是，想要让计算机和手机实现同步，手机必须安装有“应用宝”之类的软件，能够让手机和计算机轻松连为一体（见图 2-35）。

图2-35　计算机和手机实现同步化

（3）计算机和手机连为一体后，双击计算机桌面上下载的程序图标，即会提示相应的安装进程（见图 2-36）。安装完毕后，手机桌面就会生成微店 App（见图 2-37）。

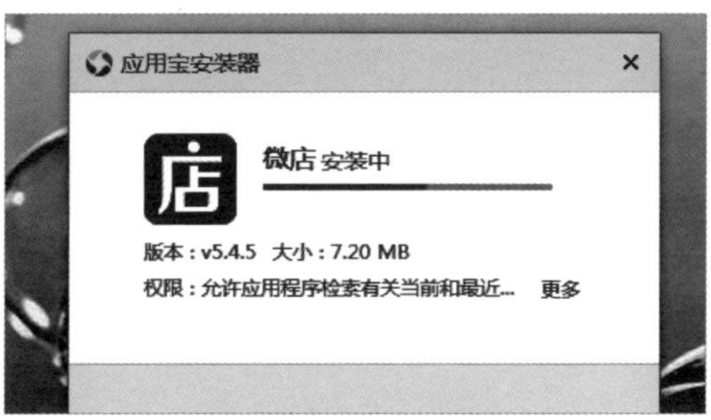

图2-36　安装进程提示

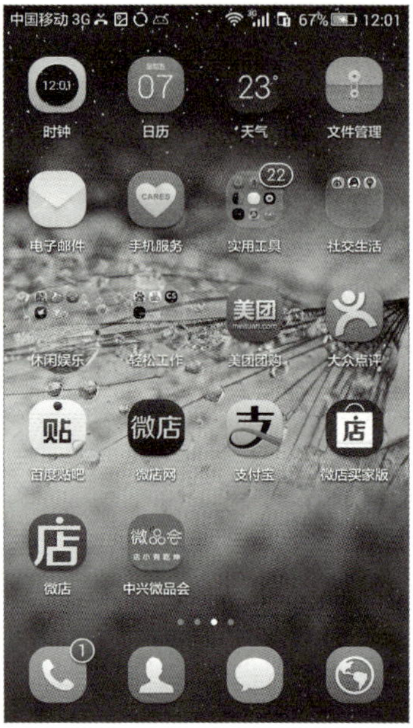

图2-37　安装成功

图2-38　手机应用商店中的微店软件

2.4.3　应用平台下载

一些品牌手机（比如华为）会预装供用户下载软件的应用商店，在网络连接稳定的情况下，可以直接在手机的应用商店中下载（见图 2-38），就不需要再通过计算机来传输了。但是很多手机没有自带的应用平台，用户可以自己安装一个，方便今后下载相应的软件。

以手机软件“应用宝”为例，通过应用平台下载软件的步骤如下。

（1）在手机上打开“应用宝”软件，点击页面最上方的搜索框（见图 2-39），在搜索框中输入想安装的软件名称，比如“微店”，之后页面就会自动显示出微店的 App 下载软件（见图 2-40）。

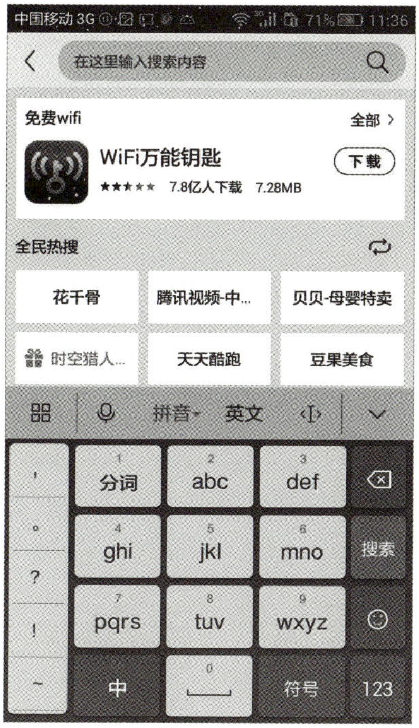

图2-39　手机应用宝搜索框

图2-40　成功搜索到微店App下载软件

（2）点击下载，应用平台会显示相应的下载进度，下载完成后，此款软件就会以 App 的形式显示在手机桌面上。

2.5　注册微店

对微店商家而言，下载微店手机 App 只是开店的第一步，想要轻松开店，还需要注册微店。相对 PC 端，使用手机客户端注册微店比较方便简单，用户在下载了微店手机客户端后，便可以立即进行微店注册。

使用手机客户端注册微店，只要方法得当，就能在很短的时间拥有一家属于自己的小店。具体步骤如下。

（1）在手机的应用程序菜单中点击“微店”图标，打开微店 App（见图 2-41）。

（2）点击“注册”按钮（见图 2-42），进入注册流程。

图2-41　点击微店图标

图2-42　微店注册

（3）点击注册之后会进入“注册”页面（见图 2-43），微店商家需要填写上自己的手机号，然后点击“下一步”按钮，之后系统就会弹出“确认手机号码”提示框（见图 2-44）。点击“好”选项，之后手机就会接收到微店官网发送的手机验证码。

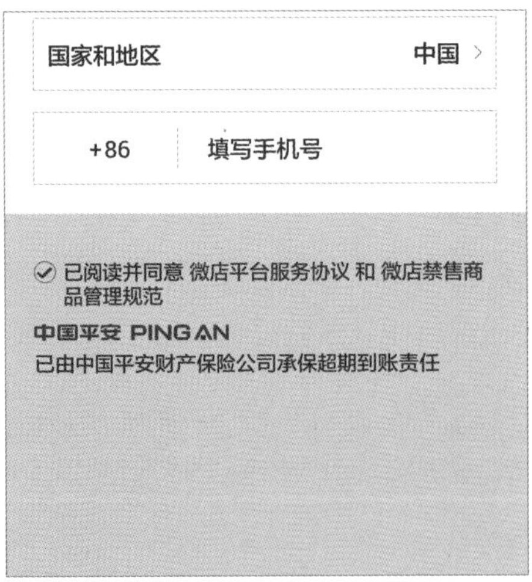

图2-43　微店注册页面

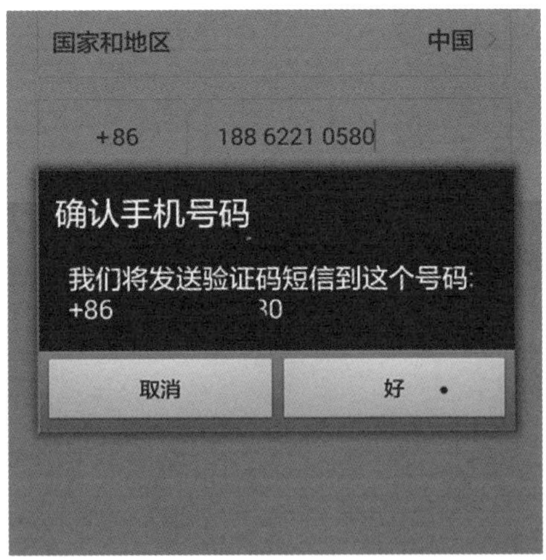

图2-44　微店注册确认手机号提示框

（4）执行上述操作后，便会进入“请填写验证码”界面，商家将接收到的验证码输入，点击“下一步”按钮，进入“设置密码”界面，输入想要设置的密码（见图 2-45）。

（5）点击“下一步”按钮，进入“创建店铺”界面（见图 2-46），用户可以在此界面设置店铺名称和店铺图标，设置完成后点击右上方的“完成”按钮，微店注册操作也就全部完成了。

图2-45 微店注册“设置密码”界面

图2-46 微店注册“创建店铺”界面

2.6 登录微店

注册成功后，用户再次点击微店 App 图标，一般系统会省略中间的登录环节，自动登录微店。有时候点击微店 App 后也会需要用户手动登录，主要操作步骤如下。

（1）在手机桌面找到微店 App，点击之后在弹出的页面上点击“登录”按钮（见图 2-47）。

图2-47　微店登录界面

（2）执行操作后，进入“登录”界面（见图2-48）。

图2-48　“登录”界面

（3）在登录页面上填写注册时输入的手机号和密码，点击右上角的“完成”按钮，即可进入微店主界面（见图 2-49）。

图2-49　微店App主界面

2.7　了解微店的基本功能

微店注册成功后，用户登录到微店，需要全面地了解微店的基本功能，熟悉具体的操作流程。通过事前的熟悉和练习，才能由最初的生涩到掌握，在了解微店各个环节的基础上装修店面，上架货物，开始微商之旅。

2.7.1　微信收款

“微信收款”功能旨在帮助商家快速地向买家发起收款、促成交易。当微店商家有商品来不及上架到微店，而消费者又着急购买时，商家就可以通过微信收款来达成这笔交易。具体步骤如下。

（1）买家通过微信向微店商家咨询商品的具体信息，了解商品的售价。

（2）微店商家和买家经过沟通，谈妥商品的售价后，向买家发起收款。商家可在微店 App 首页点击“微店”选项（见图 2-50），进入“微店管理”页面（见图 2-51），就可以看到微信收款功能。

图2-50 微店App主界面

图2-51 “微店管理”中的微信收款功能

（3）点击“微信收款”按钮，进入“微信收款”页面（见图 2-52）。微店商家可以在此页面填写想要收取的具体金额。

（4）输入金额后点击“下一步”按钮，进入“向买家发起收款”界面（见图 2-53）。在此界面，系统会提示微信收款创建成功，提醒商家选择向买家发起的具体收款方式。商家可以根据自己和买家的具体约定选择“微信”或者“短信”两种方式。

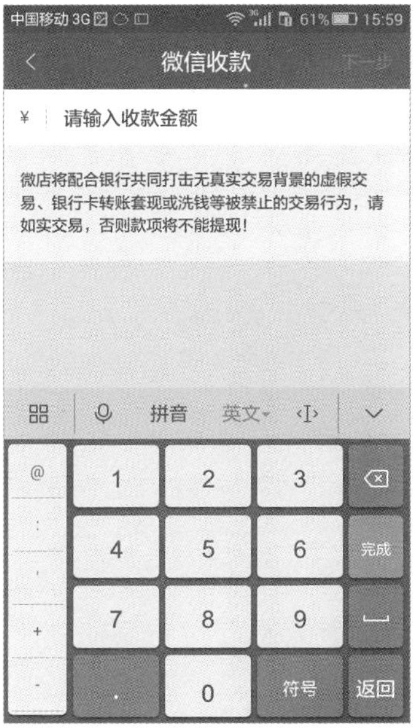

图2-52 “微信收款”界面

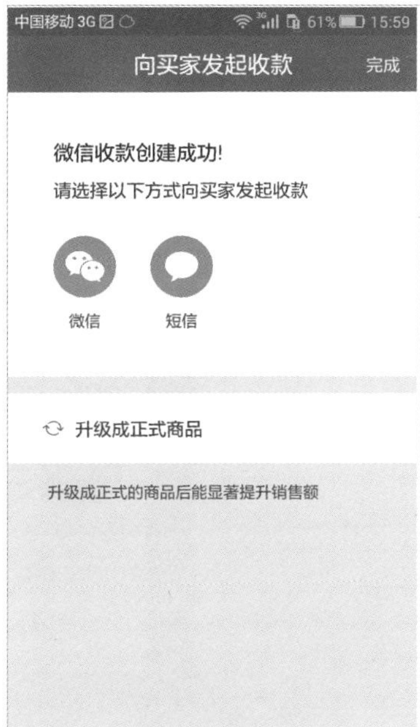

图2-53 “向买家发起收款”界面

（5）点击“微信”，选择微信方式收款，就会进入“选择”界面（见图 2-54）。商家可以通过搜索栏搜索收款对象的微信号。假如之前和收款对象通过微信沟通过，则其会显示在“最近聊天”列表中，商家可以直接从列表中选择。

图2-54 选择收款的对象

（6）点击想要发起微信收款的对象，就会弹出一个交易总价提示框（见图 2-55），商家可以在此框中填写具体的收款理由。点击“分享”选项，微信收款请求就会发送出去（见图 2-56），对方会收到付款提示。微店商家可以点击“返回微店”选项，返回微店主页处理其他事务。

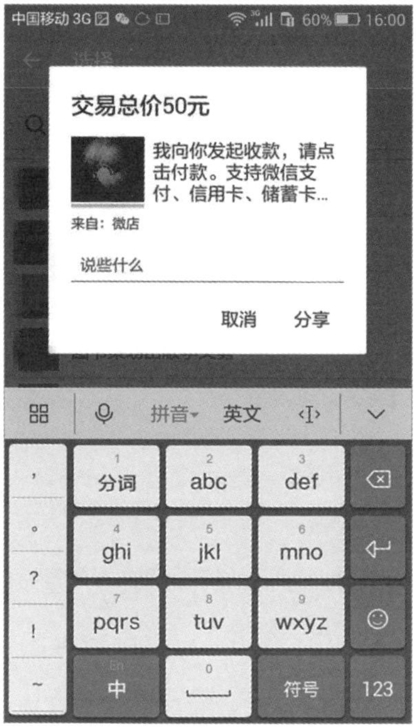

图2-55　交易总价提醒框

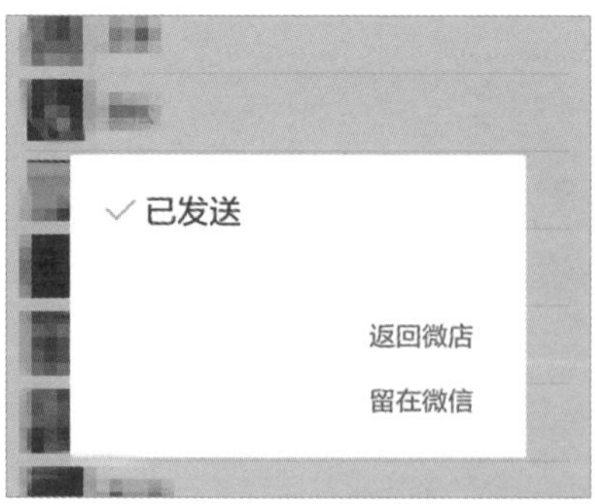

图2-56　微信收款请求发送成功

2.7.2 销售管理

微店“销售管理”界面里面有“成交订单”“每日金额”“每日顾客”的具体数据（见图 2-57）。

点击相应的子板块，还能显示当天的数据统计（见图 2-58 至图 2-60）。

图2-57 微信“销售管理”界面

图2-58 “成交订单”界面

图2-59 “每日金额”界面

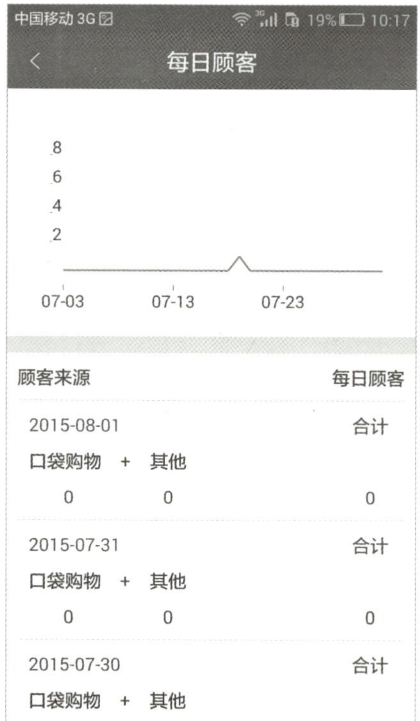

图2-60 “每日顾客”界面

2.7.3 客户管理

登录微店手机 App 后，点击“客户”选项（见图 2-61），即可进入“客户管理”界面（见图 2-62）。在“客户管理”页面，微店商家可以看到用户在微店发生的交易数量以及交易金额总数。微店商家可以根据这些数据确定哪些用户是老用户，以便重点维护。

图2-61 微店App主界面

图2-62 “客户管理”界面

2.7.4 营销推广

微店为了让商家掌握更多的营销手段，吸引、刺激买家消费，提升商品销售额，向商家提供了很多促销工具。在有赞 App 中，微店商家可以根据自身经营的实际情况设置一些私密的优惠活动，利用折扣和活动吸引消费者关注微店。

添加促销的具体操作步骤如下。

（1）商家登录微店 App 后，可在主界面第二页点击“营销工具”（见图 2-63），即可进入“营销推广”界面。

图2-63 微店App主界面“营销工具”

（2）在“营销推广”界面，商家可以查看各种营销推广工具（见图 2-64）。点击“私密优惠”选项，进入“私密优惠”界面（见图 2-65），点击“+”按钮添加选项。

图2-64 微店“营销推广”界面

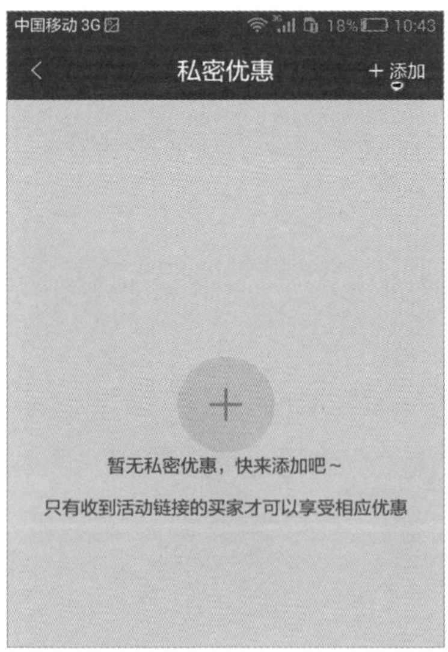

图2-65 微店“私密优惠”界面

（3）执行操作之后，进入“添加私密优惠”界面，微店商家可以在此界面设置优惠活动的折扣、开始时间和结束时间（见图 2-66）。

图2-66　微店“添加私密优惠”界面

（4）点击右上角的“完成”按钮，进入“把优惠发给买家”界面（见图 2-67），在此页面有“私密优惠添加成功”的提示，还有微信、朋友圈、QQ 好友、QQ 空间、短信、新浪微博等诸多分享按钮，让微店商家的优惠互动最大限度地传播出去。比如微店商家选择朋友圈分享，则需要点击“朋友圈”选项，就可以进入分享页面（见图 2-68），点击“发送”即可将微店优惠信息发布到微信朋友圈中。

（5）点击“预览优惠”，之后进入“预览优惠”界面，微店商家可以预览优惠活动详情（见图 2-69）。

图2-67 微店“把优惠发给买家”界面

图2-68 微店优惠信息分享发送界面

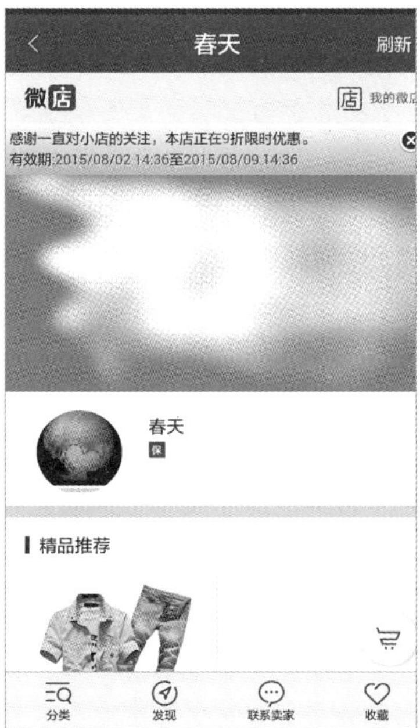

图2-69 微店营销推广效果预览

2.7.5 我的收入

在微店 App 端口登录微店，点击“收入”界面（见图 2-70），之后就进入“我的收入”界面（见图 2-71）。在这个界面中，微店商家可以绑定相应的银行卡，商家的交易收入会在交易次日自动提取到该银行卡中，一般是 2 个工作日内到账。商家可以在“收入流水”选项中查看账户具体的交易流水。

图2-70　微店App主界面

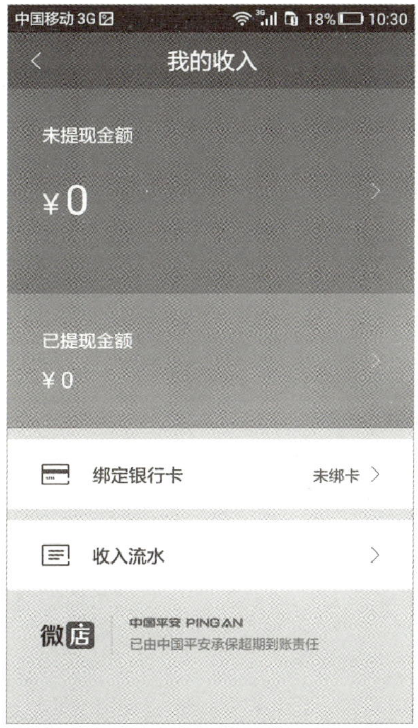

图2-71　微店“我的收入”界面

点击“绑定银行卡”按钮，进入“绑定银行卡”界面，然后选择开户银行，填写两次银行卡号即可（见图 2-72）。必须要注意的一点是，微店商家在添加银行卡信息的时候开户姓名必须和注册微店的姓名一致才可以提现。

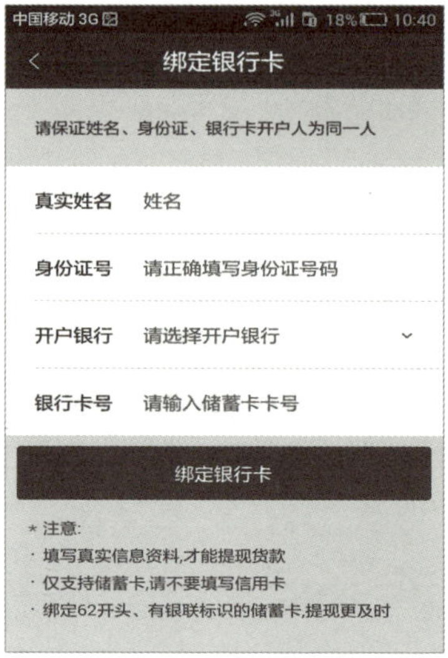

图2-72 微店“绑定银行卡”界面

2.7.6 订单管理

在微店 App 主界面点击“订单”（见图 2-73），便进入了“订单管理”界面。

图2-73 微店App主界面

在“订单管理”界面，商家可以查看“进行中”“已完成”和“已关闭”3 种状态下的订单（见图 2-74 至图 2-76），详细了解订单情况。

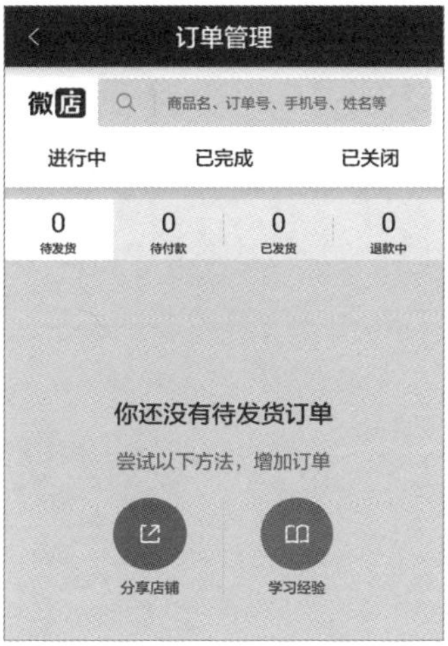

图2-74 查看进行中的订单

图2-75 查看已完成的订单

图2-76 查看已关闭的订

第 3 章

店铺装修，打造微店的视觉盛宴

微店完成了注册、登记、下载等一系列准备和操作后，就如同一栋楼房建成了骨架，想要住得舒服愉悦，还需要进行相应的装修和装饰。特别是对于一家新开的微店来说，惹人眼球的装修风格往往是吸引消费者流连购物的重要因素，所以商家有必要打造微店的视觉盛宴，在装修上做好功课。

3.1 店铺设置

了解了微店的各项功能后，商家便可以进行具体的店铺设置了。在这个阶段，商家可以根据自己的爱好以及所销售产品的具体特点，为微店取名、设计 Logo、设置微信号、策划微店公告、确定店铺的风格等。这些工作做好之后，微店才会展露出美好的容颜，笑迎八方客。

3.1.1 设置店铺名称

“互联网 +”时代，互联网已经渗透到人们生活的方方面面，越来越多的人加入到开设微店创业的大潮中。由于人和人的审美观念不同，生活格调各异，给自己微店所取的名字也各不相同，但是不可否认的是，一个别出心裁的名字总能动人心扉，令人过目难忘。那么微店商家在给自己的微店取名时，具体的操作方法是什么呢？

（1）在注册完成第一次登录微店 App 后，会首先进入“创建店铺”界面（见图 3-1）。在其中就有“请输入店铺名称”栏，商家可以输入为自己微店取的名称。

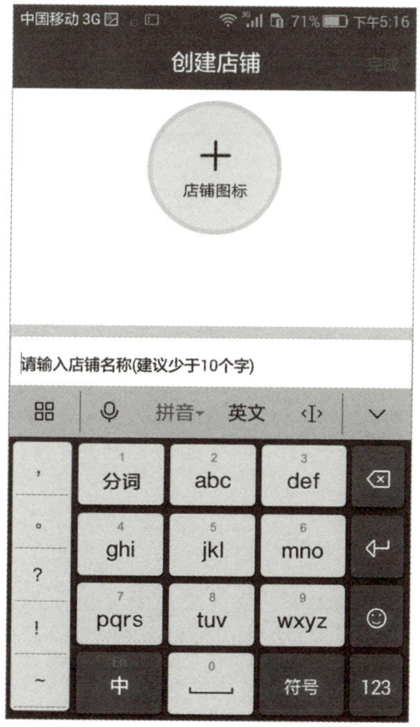

图3-1 “创建店铺”界面

（2）执行操作后，点击右上角的“完成”，就进入微店 App 主界面（见图 3-2），可以继续添加商品，也可以在主界面中的“微店”选项中查看所取的微店名称。

图3-2　微店App主界面

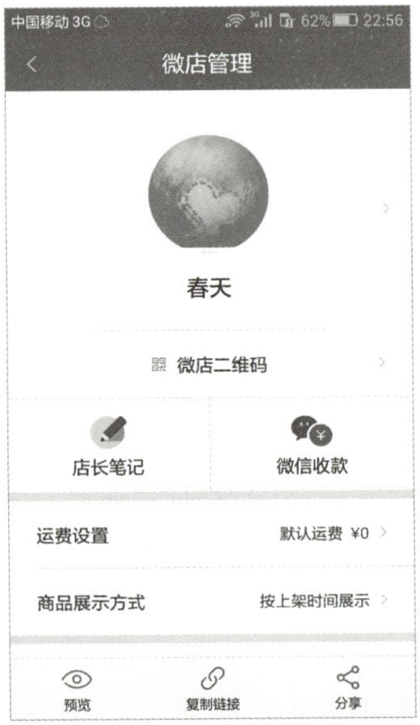

图3-3　"微店管理"界面

（3）假如商家对已经取好的微店名称不满意，可以点击"微店管理"界面中的原有微店名称（见图3-3），进入"微店信息"页面（见图3-4），点击"微店名称"选项，进入"微店名称"界面（见图3-5），修改微店名称，修改后点击"完成"，微店名称就修改好了。

图3-4　"微店信息"界面

图3-5　"微店名称"界面

3.1.2 店铺Logo设计

店铺 Logo 是店铺的形象代表，它会在第一时间留给消费者直观的感受，传递微店的经营风格以及店主的个人品位、产品的个性特色等信息。所以微店商家必须重视店铺 Logo 设计，将其打造成宣传微店的利器。

微店商家在设计店铺 Logo 时，可以现场拍摄，也可以从手机相册中选择。设计店铺 Logo 图标的操作方法如下。

（1）注册好微店后，登录 App 会自动进入“创建店铺”界面，微店商家只要点击“店铺图标”按钮（见图 3-6），就会进入设计店铺 Logo 流程。

（2）点击“店铺图标”按钮之后，会进入“选择图片”界面。在这个界面，微店商家可以选择相机现场拍照，也可以从列出的相册图片中选择相应的照片作为店铺 Logo 素材（见图 3-7）。假如列出的图片中没有微店商家中意的图片，商家则可以点击左下方的“所有图片”按钮，之后会弹出手机相册所有的文件夹选项，商家可以从中找到最适合的图片。

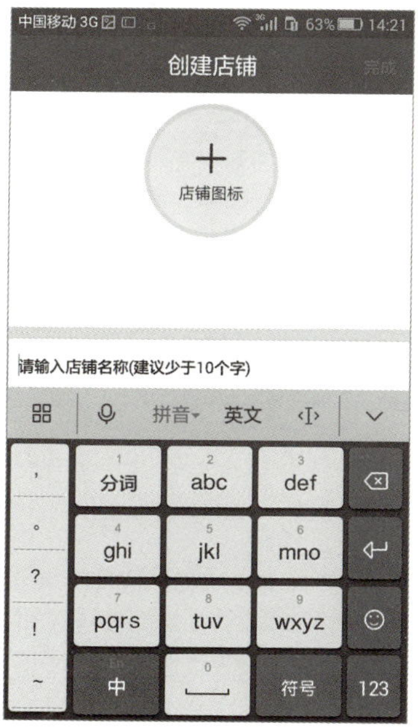

图3-6 “创建店铺”界面

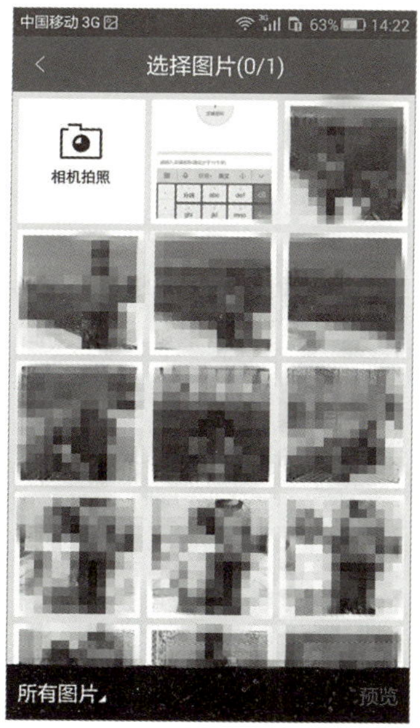

图3-7 “选择图片”界面

（3）找到适合的图片之后，点击图片，即进入“修剪照片”界面（见图 3–8）。圆形部分即为店铺 Logo，用手指按住圆圈中的图片拖曳，可以调整店铺 Logo 的具体内容。

（4）点击“√”按钮，进入“创建店铺”界面，点击右上角的“完成”按钮，即可完成店铺 Logo 设置（见图 3–9）。

图3–8　修剪照片

图3–9　“创建店铺”界面

3.1.3　微信号设置

登录微店 App 后点击“微店”选项（见图 3–10），进入“微店管理”界面（见图 3–11），点击微店名称，进入“微店信息”界面，可以在其中的“微信号”栏中填写微信号（见图 3–12）。虽然有赞的微店和腾讯的微信之间没有什么必然联系，微店商家不需要为此注册一个微信号或者微信公众号，但是一家微店想要发展壮大，就离不开微信的宣传和沟通功能。特别是现阶段，微信已经成为很多人交流沟通的首选，设置好微信号，消费者就能通过微信主动联系商家。

图3-10　微店App主界面

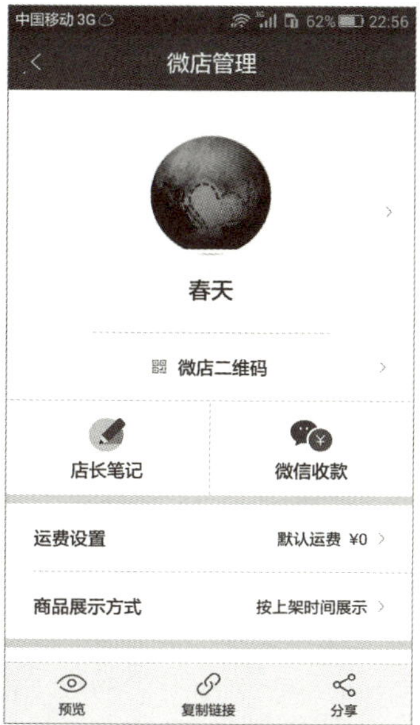

图3-11　“微店管理”界面

图3-12　“微店信息”界面

微店商家必须重视微信在同消费者沟通交流过程中的重要性，相对于其他社交沟通软件来说，它主要有以下几点优势（见图 3-13）。

（1）精准性。微信能够通过自身具备的 LBS 定位功能，精准地定位消费者的地理位置，微店商家可以了解和自己沟通的消费者身在何处，这是其他交际软件做不到的。除此之后，微信还能精准地定位人群，比如“查看附近的人”“发现”功能，甚至头像和个性签名等信息，都能帮助商家精准地定位人群。

（2）信息实时到达，营销给力。微信推送信息可以实时到达目标群体的手机，使得微店商家在进行产品营销时更加从容、高效。也就是说，微店商家借助微信，能够自由高效地发布商品信息，定时向消费者推送营销文案，这是其他沟通软件做不到的。

（3）良好的互动性。相对于其他沟通软件，微信能够很好地利用 O2O 模式，打通线上和线下的沟通渠道，让商家可以轻松和买家互动交流。

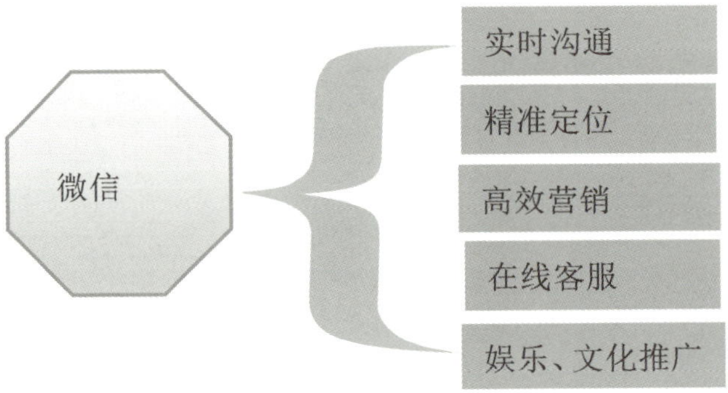

图3-13　微信在沟通和营销中的优势

3.1.4　店铺公告设置

微店的店铺公告是向消费者介绍微店和产品的“告示板”，也是消费者了解微店的“显微镜”，由此可见，设置一个好的公告对微店商家非常重要。微店公告要秉持“简单精练”的原则，既能说明白，又能吸引消费者的眼球，提升微店的人气。

在微店 App 中，店铺公告设置比较简单，具体操作步骤如下。

（1）点击“微店”，进入“微店管理”界面，点击微店的名称，进入“微店信息”界面（见图 3-14），就能看到“微店公告”。

（2）点击“微店公告”选项，进入“微店公告”界面（见图 3-15），编辑具体的文字信息，可输入 50 多个汉字。

（3）编辑完成后，点击右上角的“完成”按钮，即完成微店公告的设置。微店商家可以点击“预览”按钮，预览微店公告的设置效果（见图 3-16）。

图3-14 “微店信息”界面

图3-15 “微店公告”界面

图3-16 预览公告设置效果

一般而言，常见的微店公告分为以下几种。

店铺公告一：我店产品全部正规渠道进货，质优价廉，欢迎选购。本店一直秉承薄利多销的原则，在保证合理利润的同时最大限度地让利于消费者，所以大家会看到店内很多产品都比实体店便宜，可放心选购。

店铺公告二：顾客你好！欢迎您的光临，本店会尽力满足各位的需求，做好各项服务，为你提供美好的购物体验。

店铺公告三:我是新卖家，真心为顾客服务，货真价实，希望“上帝”多多捧场！

3.1.5 运费设置

对消费者而言，网上购物，除了商品价格之外，运费是另一个“敏感点”。成功的微店商家往往会利用极低的运费甚至是包邮来吸引消费者，提升产品的“磁力”，获得更多的利润。

在微店 App 中设置全场运费的具体操作如下。

（1）登录有赞 App 后点击“微店”选项，进入“微店管理”界面（见图 3-17），可以看到“运费设置”选项。

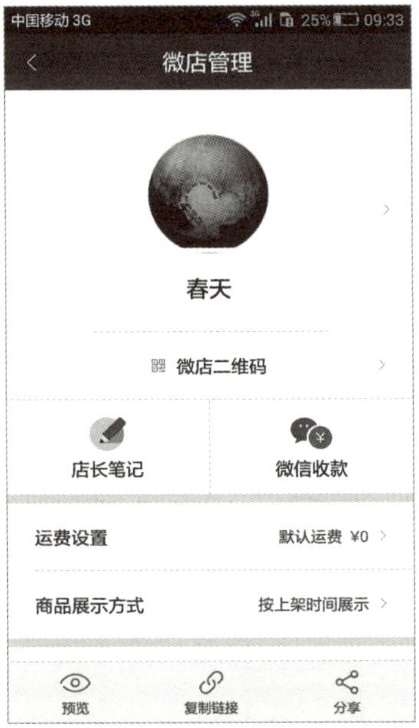

图3-17 “微店管理”界面

（2）点击“运费设置”，进入“运费设置”界面（见图 3-18），点击“修改运费”按钮，进入“修改运费”界面，设置相应的运费（见图 3-19）。

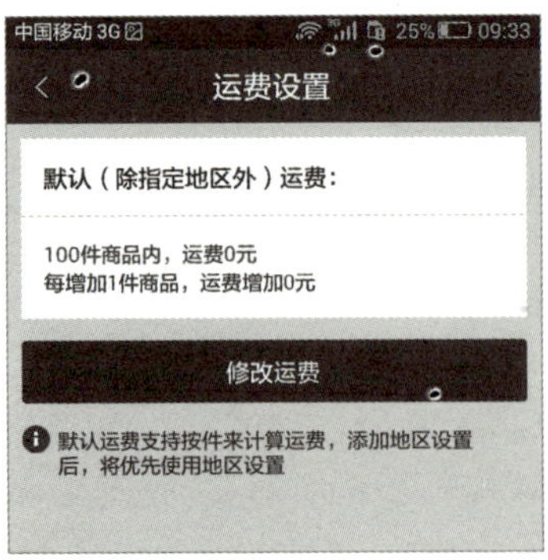

图3-18 “运费设置”界面

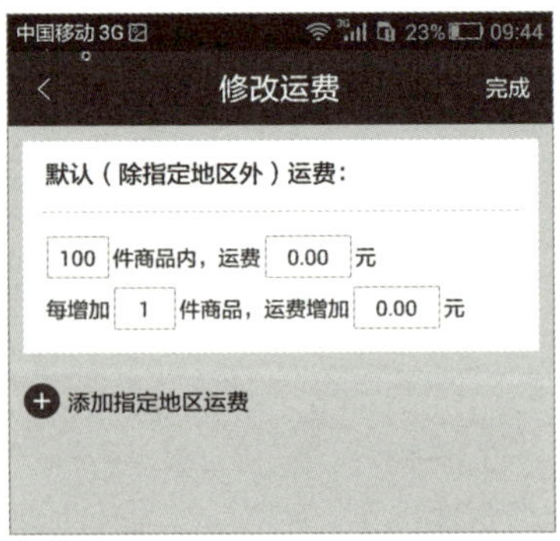

图3-19 “修改运费”界面

（3）点击“添加指定地区运费”按钮，弹出相应的列表框（见图 3-20）。点击“选择地区”，会弹出一个“选择地区”界面（见图 3-21），商家可以根据事先制定的运费计划灵活地选择相应的省市。选择好指定的省市后，再填写具体的商品运费设定（见图 3-22），然后点击“完成”，“运费设置”也就成功了（见图 3-23）。

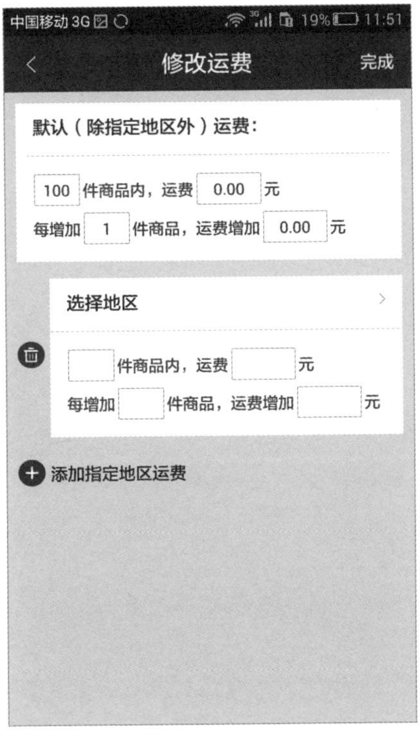

图3-20 “添加指定地区运费”界面

图3-21 “选择地区”界面

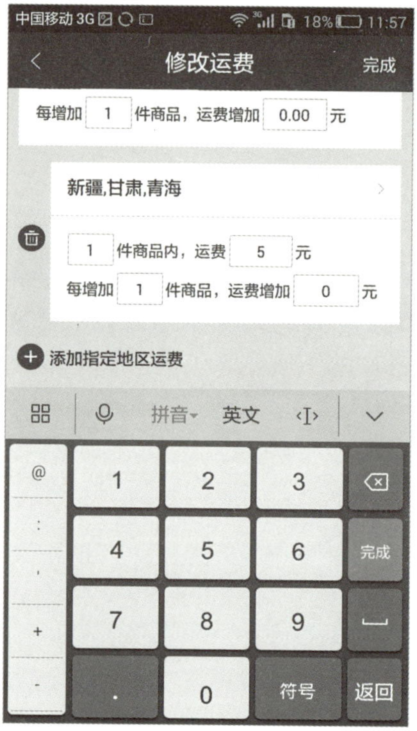

图3-22 “修改运费”界面

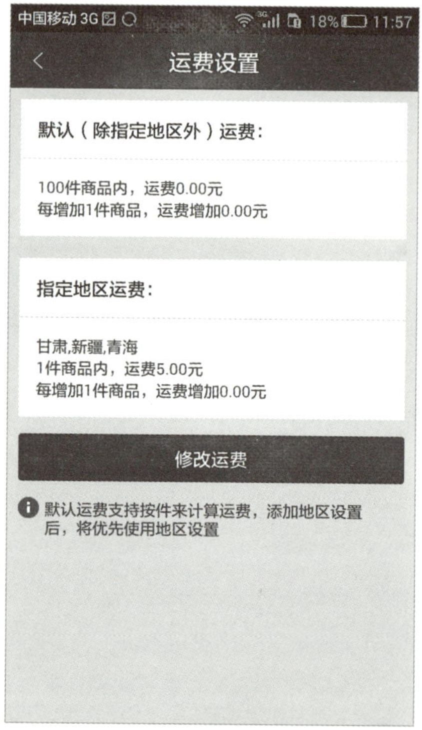

图3-23 运费设置成功

3.2 店铺装修

微店和实体店一样，整个框架弄好之后，就需要对店铺进行装修，对消费者来说，也才会有一个好的购物环境，让人在登录之后眼前一亮，从而增加微店在消费者心目中的“第一印象分值”。本节主要从店铺欢迎页面、店铺招牌方面入手，详细介绍微单装修的具体操作流程。

3.2.1 店铺欢迎页面

店铺欢迎页面也就是人们经常说的封面，当消费者登录一家微店的时候，最先呈现在其眼前的就是微店的封面，它能否在第一时间吸引消费者的眼球，在很大程度上决定了消费者对微店第一印象的好坏。所以对微店商家而言，必须重视对店铺欢迎页面的设置，要力求最大限度地吸引消费者的眼球，让消费者在第一眼看到时就产生想继续浏览的兴趣。

制作微店欢迎页面，具体操作如下。

（1）登录微店，在主界面中点击“微店”选项（见图 3-24），然后点击微店名称，进入“微店信息”界面，在这个界面中找到“微店封面”选项（见图 3-25）。

图3-24 微店App主界面

图3-25 “微店信息”界面

（2）点击“微店封面”选项，进入“微店封面”界面（见图 3-26）。在这个界面中，微店商家可以根据自己的商品分类选择相应的分类模板。

（3）执行操作后，进入“更改背景图”界面（见图 3-27）。商家在这一界面中可以选择自己喜欢的封面背景图，点击之后背景图上会出现一个“√”，提示已经选定。假如商家有自己设计好的背景图，也可以点击“上传图片”选项，上传相应的图片作为微店封面背景图。需要注意的是，假如上传自己设计的图片，该图片一定要围绕着店铺所经营的商品特性、店主个人风格等多元化因素设计。假如暂时没有掌握设计图片的技术，建议微店商家暂时使用微店提供的店铺默认封面图片，在有了个性化的图片之后再进行更换。

图3-26 “微店封面”界面

图3-27 “更改背景图”界面

（4）选定之后点击“完成”按钮（见图 3-28），微店封面就成功设定了。返回“微店管理”界面（见图 3-29），点击左下角的“预览”按钮，可以预览封面设置效果（见图 3-30）。

图3-28 “封面设置”界面

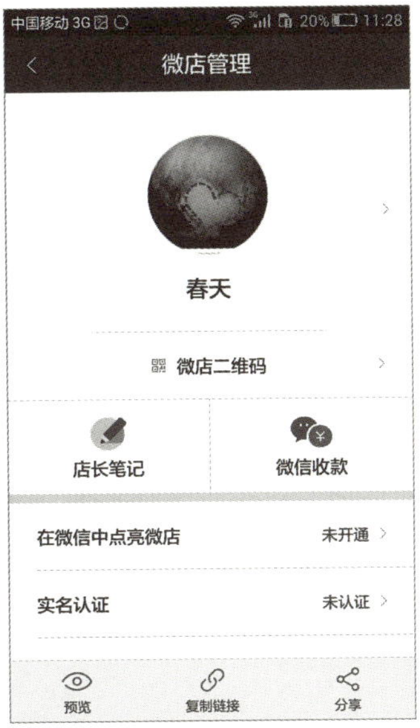

图3-29 “微店管理”界面

图3-30 预览封面设置效果

3.2.2 店铺招牌

店铺招牌相当于店铺的脸面，最基本的要求就是必须清晰、美观。微店商家在设置店铺招牌时，应该如何操作才能让其清晰、美观呢？

（1）在微店主界面点击“微店”选项（见图 3-31），进入“微店管理”界面（见图 3-32），点击微店名称，进入“微店信息”界面，在其中找到“微店招牌”选项（见图 3-33）。

图3-31 微店App主界面

图3-32 “微店管理”界面

图3-33 “微店信息”界面

（2）点击“微店招牌”，进入“微店招牌”设计界面（见图3-34）。商家在此界面中可以看到“拍照”和“从手机相册选择”两个选项按钮。商家可以根据自己的实际情况点击相应的按钮进行微店招牌设计。

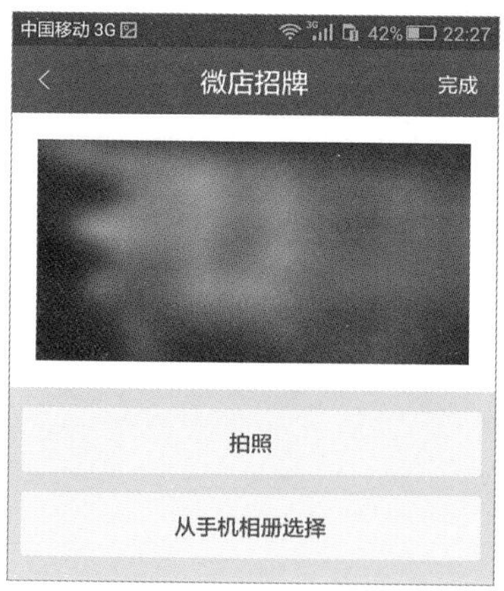

图3-34 “微店招牌”界面

（3）点击“从手机相册选择”按钮后，就会进入手机相册，商家可以在相册中选择最适合做微店招牌的图片，点击图片后进入“修剪照片”界面（见图 3-35）。拖曳长方形框，可以选择相应的微店招牌部分，长方形框可以用手指相向或者对向进行缩小和放大。

（4）商家在选定照片之后，点击右上方的“√”，页面跳转至“微店招牌”界面（见图 3-36），选定的照片会显示在上面。点击右上角的“完成”按钮，微店招牌图片就设计好了。

图3-35 修剪照片

图3-36 “微店招牌”界面

（5）设计完成后，商家在“微店—预览”选项下可以查看微店招牌设置效果（见图 3-37）。

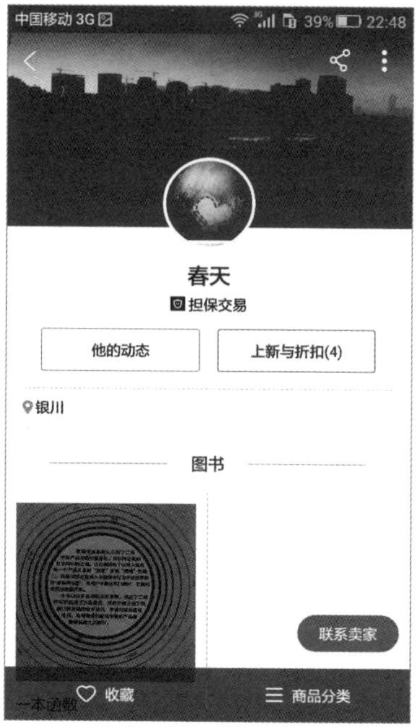

图3-37　预览微店招牌设置效果

微店装修中，店主在选择和设计店铺招牌图片时，要坚持清晰、美观的基本原则。

（1）微店招牌图片必须和店铺欢迎页面调性一致，这样消费者看起来才会觉得自然，有视觉上的承接。假如微店招牌和店铺欢迎页在色调上反差太大，则会给消费者留下一种杂乱无序的感觉，继而影响消费者对微店的好感。

（2）店铺招牌要围绕微店以及所售商品特性来选择和设计，这样才能为店铺增色，才会成为衬托产品特性的绿叶，让消费者感到舒服、惬意，增加对微店的喜爱之情。

第 4 章

商品管理，展示有多好，销量就有多高

做好商品管理，让所售产品以一种最便宜、最美好的形象出现在消费者面前，对微店商家而言是非常必要的。良好的商品管理，意味着微店商家必须优化商品进货来源，做好商品发布，添加好商品，做好商品分类和美化，编辑好商品文案。做好了这些，微店货架上的商品才会由不起眼的“灰姑娘”变身为万众瞩目的“公主”，成为众人追求的对象。

4.1 商品进货来源

微店虽然在网上销售产品，但是也属于店铺范畴，需要通过销售各种产品盈利。一家微店从注册成功到慢慢做大，除了产品价格要有优势之外，还需要在质量上有保证。对微商而言，要做到这一点，就必须寻找合适的货源。那么怎么才能找到最合适的网店货源呢?

4.1.1 批发市场

批发市场是一种普遍的进货渠道，不管是实体店还是微店，都可以从中找到适合自己的好货源。很多商家都明白直接从厂家批发进货，产品的进价会低很多，利润会很高，但是产品生产厂家一般都有代理商，大多数情况下是不会和小商家合作的。基于此，当微店商家还没有决定销售什么产品的时候，不妨去大的批发市场转一转，也许能发现商家，找到中意的销售产品。

特别是对微店新手而言，批发市场上各种各样商品相对自由的进货时间和进货数量，都是非常有吸引力的。而且在当地批发市场采购货源还有如下好处。

首先，批发市场上的商品种类繁多，数量也相对充足，商家挑选的空间很大。更重要的是，在批发市场，相同类别的商品可以充分“比价”，能够最大限度地选择质优价廉的供货商家。

其次，相对于网络上的产品，微店商家在批发市场上能够看到商品的实物，直观地了解商品的外形、质量等，保证商品的“外在美”和“内在美”。

最后，批发市场上的商品价格比较低，对于微店来说，只要能够不断卖出产品，薄利多销，日积月累之下还是可以淘到第一桶金的。

4.1.2 阿里巴巴

全国比较大的批发市场主要集中在几个大城市里，对一些微店商家来说，长年累月奔波于这些批发市场和自己所在的城市之间进货，绝对是一件费时费力的事情。那么有没有一个不需要来回长途奔波就可以进货的途径呢？阿里巴巴作为一个网络商品批发平台，为广大微商解决了后顾之忧。特别是对那些距离大的商品批发集散市场比较远的商家而言，阿里巴巴提供了更加方便、快捷的选择，而且其起拍量相对较小，选择性也比较灵活。

微店商家可以在阿里巴巴上寻找商品供应商，也可以发布求购信息，等供应商直接和自己取得联系。也就是说，微店商家可以通过寻找供应商和发布求购信息两种方式在阿里巴巴上获得某种产品的货源（见图 4-1）。

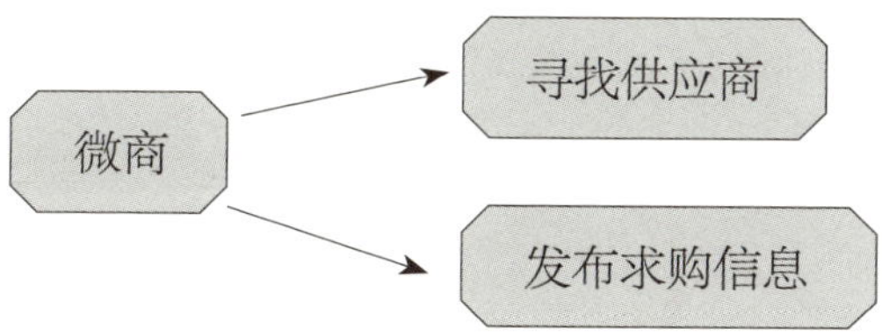

图4-1 阿里巴巴可助微商获得产品货源

以微店商家在阿里巴巴上寻找供应商为例，商家想要找到适合自己的产品供应商，可按照如下步骤。

（1）搜索产品。微店商家在登录阿里巴巴主页后，可以先在网页上方的搜索框中输入想要找的产品名称或者关键词，或者切换到供应商搜索想要找的公司名称关键词，点击“搜索”按钮（见图 4-2），各种产品和供应商信息就会显示出来。阿里巴巴搜索功能非常强大，微店商家可以在众多信息中交叉对比，找到最适合自己的产品供应商。

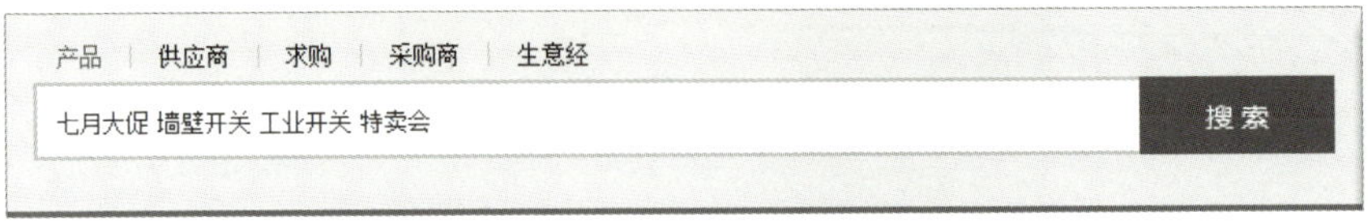

图4-2 阿里巴巴搜索栏

（2）挑选产品。微店商家在搜索显示的各种信息中，可以按产品价格、分类等进行精确查找（见图 4-3），在“二次搜索”结果中快速地找到自己所需要的产品和货源。

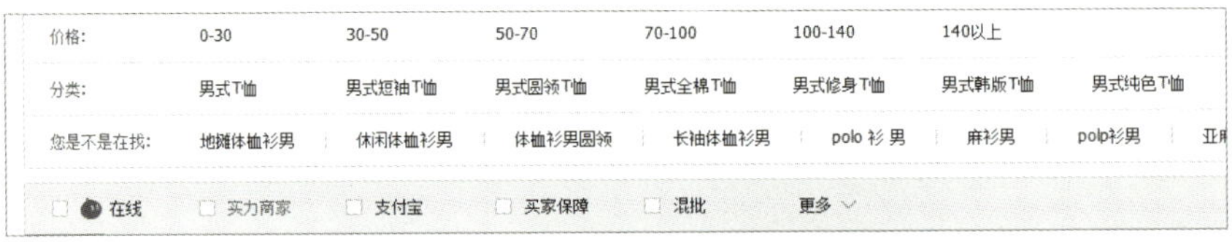

图4-3 微商在阿里巴巴上可精确查找商品

（3）加入进货单。微店商家在搜索信息中找到合适的产品之后，可点击产品进入详细的介绍页面，选择相应的尺码、颜色和数量，然后点击“加入进货单”按钮（见图 4-4）。微店商家在确认订单信息并付款之后，即进入发货程序，等待收货即可。需要注意的是，阿里巴巴作为一个批发平台，产品订单一般需要满足一定的数量才会发货，所以微店商家需要根据自己的实际需求灵活选择供应商。

图4-4 “加入进货单”选项

微店商家在阿里巴巴选择货源、批发进货的同时，也需要注意拍卖进货，如利用得当，能够很大程度上降低进货的成本。另外在支付方式上要尽量使用贸易通，以便发生纠纷时用作证据。

4.1.3 网络代销

所谓的网络代销，就是在网上展示其他商家提供的产品、产品介绍资料，在得到买家订金之后再向商家支付一定的资金，让其给买家发货，代销者则赚取中间的差价。对微商商家而言，假如自身资金不多，或者一开始对经营缺少信心，可以先从网络代销开始，学习微店营销的各种技巧。

在“互联网 +”时代，人们越来越看中网络代销，将其作为一种尝试微店经营的方式。网络代销除了能够为尝试经营者免除存货的麻烦之外，还可以让他们轻松地享受互联网发展红利，赚得人生的第一桶金。微店商家可以通过 C2C 网站来找，比如在阿里巴巴网页搜索栏中输入“网店代销”“网店代购”“网店代理”等关键词进行搜索（见图 4-5），也可以通过专门的代销网站查找相关资源。

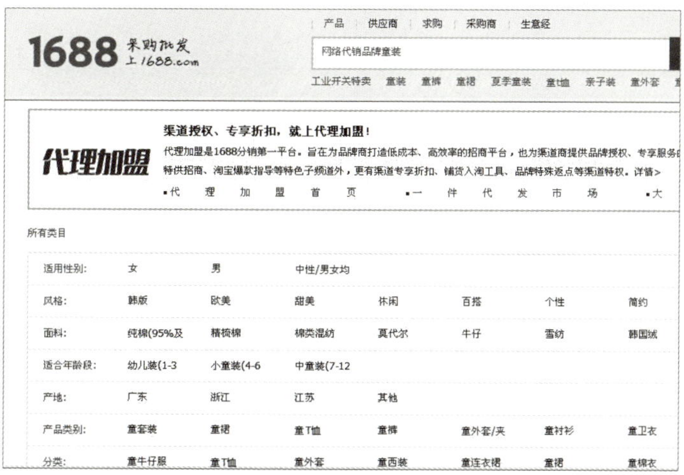

图4-5 阿里巴巴搜索栏搜索网络代销

网络代销的主要特点如下。

首先，网络代销成本很低。对创业初期的商家而言，网络代销几乎不需要投入什么资金，非常适合那些缺少资金又想要开店的人尝试。

其次，网络代销相对于直接开店交易起来比较简单。代销商家不需要准备存储货物的场地，或担心什么物流，上游商家在收到你的订金和发货资料后会直接给买家发货。

最后，网络代销管理起来也非常简单。微店商家在进行销售之前必须给所销售的产品拍照，写文案描述各种产品，这个过程是非常麻烦的。而网络代销则省去了这些环节，直接从上游商家那里获得产品的图片和介绍文案即可。

代销适合选择那些比较畅销的产品，诸如时尚一族喜欢的电子产品、服装、化妆品等，这类产品一般消费量大、购买人群多，很容易获利。另外商家在代销产品的时候一定要事先考察好上游商家的实力以及产品的质量、售后服务等，切勿盲目选择。

4.1.4 寻找厂家

假如微店商家所在的城市工业发达，工厂云集，是很多产品的诞生地，那么商家就可以多花一些时间考察，搜集这方面的信息。商家可以和一些厂家的负责人进行沟通，通过互利的方式获得货源。从厂家直接进货，一来产品质量能够保证，二来省去了产品流通中的层层加价，产品进价也能最低。

微店商家在寻找厂家直接进货时需要注意的是，很多厂家的产品都有最低起订量，只有满足这个起订量，厂家才会发货。所以微店商家在直接从厂家进货前，最好了解一下厂家的最低订货量是多少，假如商家订货量太少，厂家一般都不会接单。

另外微商在联系厂家之前也需要考察在当地有没有厂家的代理商，假如有代理商，厂家为了保护代理商的利益，给你的出厂价可能比你从代理商那儿拿货还要高，这种情况下直接从厂家拿货就得不偿失了。假如不存在代理商，产品的价格也和你的具体订购量有关，你的订购量越大，产品相应的出厂价就越低，反之，订购量越小，出厂价就越高。

4.2 商品发布

微店商家通过前期的努力，解决了货源问题之后，就可以在自己的微店页面上发布产品了。微店商家可以通过智能手机、平板电脑或者台式计算机等在自己的微店中添加具体的产品信息。假如添加的商品数量少，则可在手机或平板电脑上操作；假如添加的商品数量比较多，需要进行分类、订单管理等操作，则应在计算机上进行，以保证商品发布的方便、快捷。

4.2.1 添加商品

微店有了产品才可以获利，所以对微店商家而言，添加商品是一个非常重要的开店“工序”。商品添加得好，上架时间拿捏得好，就能为微店带来更大的流量，为商品赢得更多的推荐机会。

那么微店商家应该如何添加商品呢？我们以微店 App 为例，详细了解一下微店添加商品的步骤。

（1）登录微店，点击“商品”选项（见图 4-6），即跳转到添加产品页面，点击“添加新商品”（见图 4-7）。

图4-6　微店App“商品”选项

图4-7　添加新产品

（2）执行操作后，进入“添加商品”界面（见图 4-8），填写相应的产品信息。

（3）点击“+”按钮上传商品图片，可以使用手机上的相机拍摄照片上传，也可以扫描商品的条形码上传，或者直接从手机相册中选择预先拍摄好的照片上传（见图 4-9），最多可以上传 9 张图片。

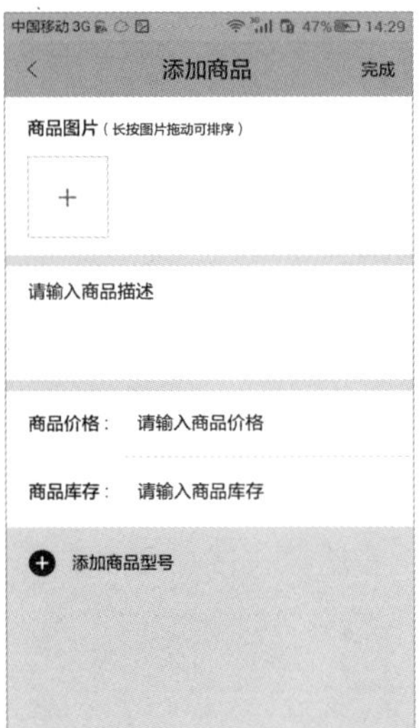

图4-8　“添加商品”界面

图4-9　“选择图片”界面

（4）点击“完成”后，长按图片可以拖动图片排序（见图 4-10），第一张图片为封面，会直接显示在卖家的店铺里（见图 4-11）。商品的具体描述、价格、库存等消息都会出现在一个文本框中，微店商家可以具体描述商品特点，填写商品价格和库存信息。在设置库存信息的时候，微店商家需要注意的是，填写的库存数要比实际库存数多一两件，因为买家只要提交订单，哪怕最终没有付款，库存也会相应减少，会影响到其他买家的购买。

图4-10 “编辑商品”界面

图4-11 成功添加商品图片

（5）最后添加商品型号，点击“添加商品型号”按钮即可展开相应列表框，分别输入型号、价格、库存等参数（见图 4-12）。假如一种商品型号比较多而价格却一样，商家最好不要使用这个功能；假如一种商品型号不同，价格也不同，则可以将每个型号单独作为一个商品上传到微店店铺，因为让买家在同一种产品下选择不同型号也是一件比较麻烦的事情。另外假如设置了分类，则可点击“分类至”为商品选择分类。

（6）设置完成后，微店商家点击右上角的“完成”按钮，进入“添加成功”界面（见图 4-13）。微店商家可以在此页面选择分享的社交平台，将商品信息分享出去，让更多的人看到新商品上架信息。

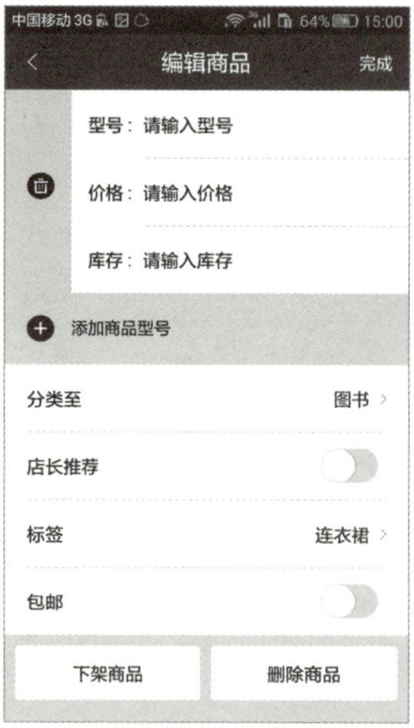

图4-12　添加商品型号

图4-13　“添加成功”界面

（7）点击“预览”按钮，可以预览商品详情（见图 4-14）。

图4-14　预览商品详情

4.2.2　管理商品分类

商家在上架产品之后，如果添加的商品太多则难以方便地管理。站在消费者角度看，一家微店商品很多，想要找到自己希望购买的产品时，需要花费很多时间浏览微店页面，这个过程无疑大大降低了消费者购物的积极性，甚至会有消费者因为嫌麻烦而放弃购物意愿。所以对微店商家而言，学会如何给商品分类，无疑是非常重要的。

管理商品分类的具体操作如下。

（1）登录微店 App，在主界面点击“商品”选项，进入商品管理页面（见图 4-15）。

图4-15 “商品管理”界面

（2）点击想要分类的产品，进入“编辑商品”界面（见图 4-16）。在此界面中，点击“分类至”，页面就会弹出添加分类页面（见图 4-17）。假如原来存在相应的分类，商家只需要选择相应的分类即可；假如不存在相应的分类选项，商家则可以点击“新建分类”选项，创建新的分类。

图4-16 “编辑商品”界面

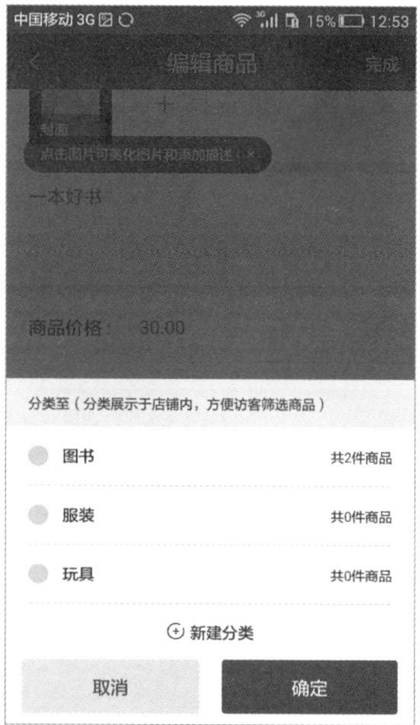

图4-17 选择或新建产品分类

（3）点击“创建分类”按钮后，会弹出“新建分类名称”框（见图 4-18），填入创建的分类名称，点击“确定”。

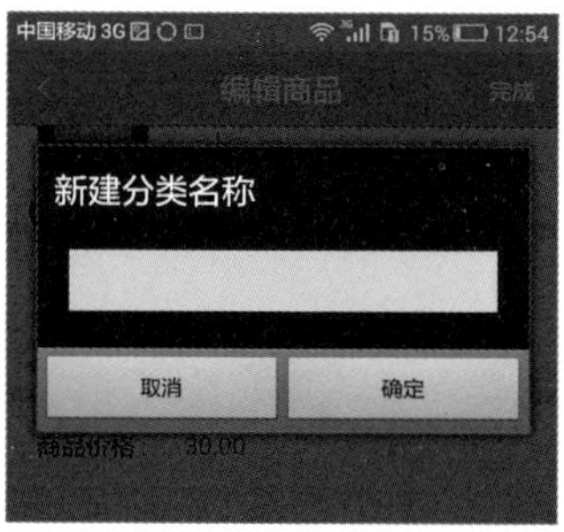

图4-18 “新建分类名称”框

（4）执行操作后，页面再次跳回到“分类至”选项页面，新建分类前有 ✓ 提示（见图 4-19）。点击“确定”按钮，页面返回“编辑商品”界面（见图 4-20），在其下的“分类至”选项中可以清晰地看到产品的分类。

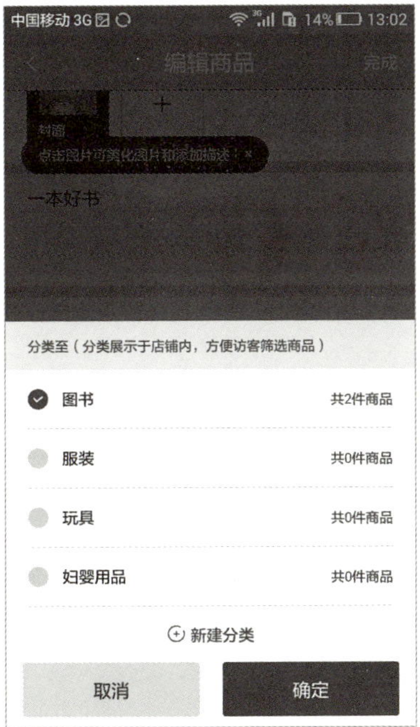

图4-19　新建分类

图4-20　“编辑商品”界面

4.3　美化商品

在商品全部上架之后，对微店商家而言并不意味着万事大吉。前期在商品上架过程中拍摄或者上传的图片有可能在色彩、描述上不是太理想，看起来没有“吸睛点”，这个时候就需要对商品进行美化。本小节主要着眼于此，从商品图片美化、编辑方面讲解如何最大限度地美化商品，使其在第一时间吸引消费者的眼球。

4.3.1　使用工具软件美化商品图片

商品上架之后，为了增加商品图片的色彩饱满的，让消费者看起来更“养眼”，微店商家还可以对相应的产品图片进行美化。具体操作方法如下：

（1）点击微店 APP 主界面中的“商品”选项，点击相应的上架商品，就进入“编辑商品”界面（图 4-21）。

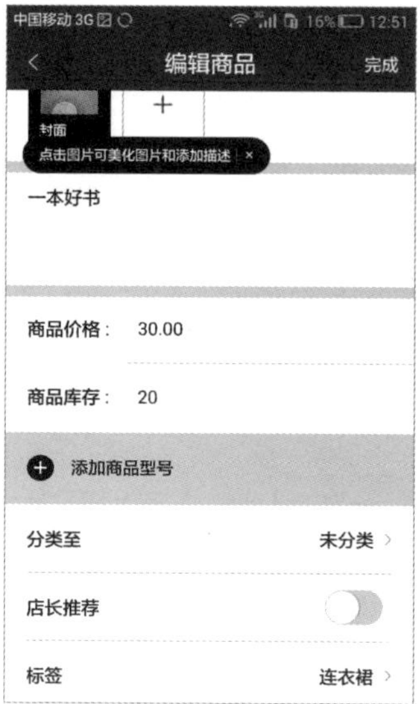

图4-21 “编辑商品”界面

（2）点击商品图片，进入图片美化界面（见图4-22）。点击左下角的“图片特效”按钮，进入“图片特效”界面（见图4-23）。商家可以在微店提供的最下一行选项中选择最适合图片的美化效果。

图4-22 选择需要美化的商品图片

图4-23 “图片特效”界面

（3）选定最优的美化效果之后，点击右上角的“完成”按钮，商品美化操作就结束了。商家可以在主界面“微店”选项中查看商品图片的实际美化效果。

4.3.2 商品编辑

商品编辑主要是在产品之下输入文字，详细描述产品的功能、特点等，最大限度地将商品的特色展现在消费者的眼前。基于此，对微店商家来说，商品编辑环节就是一个必须做好做优的环节。微店 App 商品编辑步骤如下。

（1）点击微店 App 主界面中的“商品”选项，点击相应的上架商品，进入“编辑商品”界面（见图 4-24）。

（2）点击商品图片，在随后出现的页面右下角可见“图片描述”按钮（见图 4-25）。

图4-24 “编辑商品”界面

图4-25 选择需要描述的产品图像

（3）点击“图片描述”按钮，进入“图片描述”页面（见图 4-26）。商家可以在此页面中的文本框输入文字，详细地描述商品的功能和特色。

（4）文字输入结束后，点击右上角的“完成”按钮，然后再按手机返回键返回至“编辑商品”页面，点击右上角“完成”按钮（见图 4-27），商品编辑操作全部结束。商家可以在主界面“微店”选项中点击“预览”查看编辑效果。

图4-26 “图片描述”界面

图4-27 “编辑商品”界面

第 5 章

微店推广，工具一个都不能少

微店产品上架后，商家在美化商品图片和编辑详细的商品介绍文案后，便可以正式进行产品推广，赚取利润了。对广大微商而言，商品的推广做得好不好，直接关系着微店的人气和商品的销路。所以微店商家要重视商品的推广环节，多学习一些推广方法，努力提升微店的人气，快速树立产品的口碑，如此才能获得更多的利润。

5.1 微信公众号推广

微信公众平台是腾讯公司在微信社交的基础上打造的一个以营销为主要功能的平台。值得庆幸的是，每个个人或者公司都可以建立一个公众号，实现各种方式的营销，比如语音、视频、群消息等。而对一些中小企业来说，微信公众号更是值得建立和运用的平台，因为它能将微小的企业塑造成为大品牌，正如微信公众的网页中的那句话说的那样："再小的个体，也有自己的品牌。"

微店在市场中的确是一个小个体，它零成本、建立无门槛，让更多用户成为微店店主，而在推广微店方面，想让你的微店家喻户晓，不再需要花费大价钱买黄金广告，则可以选择微信公众号这个平台来进行更灵活和有效的推广。

5.1.1 注册微信公众号

想要用微信公众号来推广自己的微店，首先必须有一个微信公众号，这是前提也是基础。在网页中搜索"微信公众号"，然后登录平台首页（见图 5-1），会看到微信公众号的登录页面，点击右上角的"立即注册"就可以注册一个新的微信公众号。

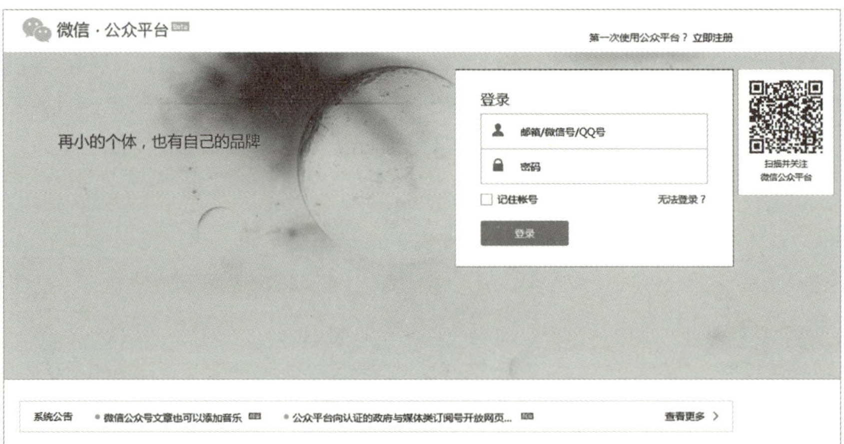

图5-1 微信公众平台登录和注册首页

在注册之前，企业也可以先往下拉动上述页面来了解微信公众号的分类，只有懂得分类，才能明确自己的微店推广需要注册哪种类型的公众号。目前，微信公众号分为 3 种——服务号、订阅号和企业号（见图 5-2）。

图5-2　公众号分类明细

服务号和订阅号是最主要的推广公众号，企业号更适合企业内部和上下游之间应用。企业更应该详细了解服务号和订阅号，以确定自己的选择。服务号的特点是一个月有 4 次推广群消息的机会，而且会显示在粉丝微信的第一级列表中，适合企业的服务和管理能力。此外，服务号只用于企业、组织等机构，不允许个人开通。而订阅号则相对来说比较轻松，每天都有一次群发消息的机会，是为媒体和个人提供的信息传播方式，也就是说，个人也能够建立订阅号。

如果微店店主是一些比较大的企业，想要推广微店，就可以选择服务号，接入自己的微店模式，让用户更好地享有购买、咨询等服务；而如果是个人开的微店或者中小企业微店，那么可以建立订阅号，更便于推广。

了解公众号的分类之后，接下来就是注册。点击“立即注册”之后，会跳入建立公众号的网页中，第一步是输入“基本信息”（见图 5-3），包括输入有效邮箱、设置密码、确认密码、输入验证码。第二步是邮箱激活。第三步是选择类型。第四步是信息登记。第五步是公众号建立完毕。

企业选择类型之后，根据建立公众号的步骤和提示一步步进行，就能完成公众号的成功注册。

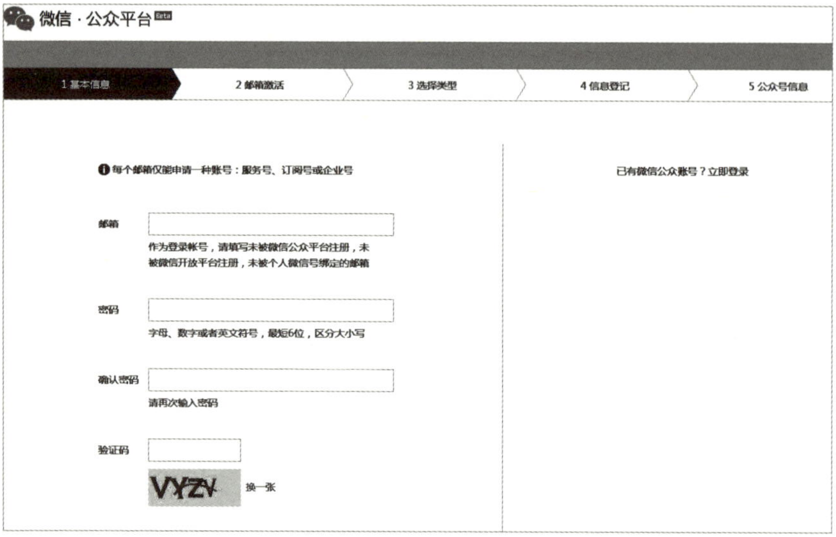

图5-3 “基本信息”录入以及各种步骤明细

值得注意的是，企业在建立公众号录入信息时，必须使用真实的身份信息，以确保公众号的安全，以及申请注册的顺畅。

5.1.2 菜单导航中给微店一个直通车

什么是微信公众号的自定义菜单呢？就是微信公众号底端的快速导航栏。以 iLady 优家画报的微信公众号为例，其下端有 3 个菜单栏（见图 5-4）。

在这个菜单导航中，企业可以放入更多的热点产品、爆款、最需要推广的内容，粉丝只要点击这个菜单，就能直接找到相对应的内容。

图5-4　优家画报微信公众菜单模式

在 2015 年 4 月底之前，只有服务号并且认证过的公众号，才能获得自定义菜单接口的权利。而普通没有认证过的订阅号是没有菜单接口权限的。但 2015 年 4 月 29 日，微信平台全面向公众号开放自定义菜单管理接口。这意味着个人订阅号的公众号也能开通自定义菜单。有了这个权限之后，订阅号也能在微信公众号下方开设菜单栏，以为用户提供更多的对应信息直通车服务。

当然，更多的服务号企业，会在菜单导航中加入微店的推广信息，甚至直接加入微店的快速连接直通车，用户只要点击，就能快速进入企业的微店，这样就能让用户更快捷、便利地通过企业的公众号进入微店购物。

例如，茵曼这个依靠互联网兴起的原创女装服饰品牌，在自己的微信公众平台服务号中就充分利用了自定义菜单，为茵曼的各个类型微店开设了直通车。点击茵曼微店左下方菜单中的“购物服务”，就会弹出 5 个子菜单模式，都是茵曼的快速购物方式，其中有 4 个是微店模式，如茵曼京东旗舰店、茵曼拍拍微店、茵曼天猫旗舰店、茵曼当当旗舰店（见图 5-5）。如点击“茵曼拍拍微店”则会直接进入茵曼拍拍微店中，其中茵曼的各种服饰琳琅满目，用户可以尽情挑选（见图 5-6）。

图5-5 茵曼微信公众号自定义菜单中微店推广

图5-6 茵曼拍拍微店

当然，企业不一定都要在自定义菜单中加入微店的购物链接，还可以在菜单中加入微店的优惠、促销信息或者爆款产品链接，让用户可以更灵活、有针对性地选择自己感兴趣的内容。

这种方式也能让更多微信公众号的粉丝知道企业的微店以及各种活动，有利于企业微店的推广和宣传。

5.1.3 利用群发消息推广微店

微信公众号的各种功能都能巧妙运用在微店推广中，如发消息。企业可以在微信平台的后台中，集中粉丝的数据、属性进行分析，然后对每个不同属性和需求的用户发送不同的微店推广信息。企业也可以在自定义快速回复中，加入与数字、字母、关键词等相对应的微店信息，这样用户也能通过企业的公众号收到企业微店的新消息。

当然，这都是最基础的推广模式。还有一个特殊且非常有效的模式就是使用群发消息功能来推广微店。前面我们说过，服务号一个月有 4 次群发消息的机会，订阅号每天都有 1 次群发消息的机会。无论企业选择哪种类型的公众号，都应该充分利用这种群发功能。

打开微信公众号的后台，点击左上方的“群发功能”（见图 5-7），进入群发功能页面。企业可以选择群发对象，一般来说是选择“全部用户”，然后进行编辑和添加图文消息。想要发送微店促销、活动等内容，都可以在这里添加或者新建图文消息。

图5-7 微信公众号的群发功能

添加之后，点击“群发”，所有的粉丝都能收到这条微信公众号消息。用户在点击观看的时候，就会直接看到关于微店的活动和信息，这样便加大了微店的知名度推广，也提高了微店人气，带来了更多的流量。

还用茵曼微店推广的案例来说明，在微信公众号中，茵曼会选择一些有价值的图文信息，然后群发给粉丝，让粉丝及时看到微店产品的更新、活动。比如 2015 年 6 月 8 日，茵曼在微信公众号中发了这样一个信息：“上新 7 折，大茵姐妹团：夏日最棒的牛仔单品。”（见图 5-8）。这是茵曼为了宣传微店新产品的推广信息。点击会看到更多图文并茂的关于这些新产品的微店更新内容（见图 5-9）。

有了这些群发消息的推广，企业微店的产品、及时活动等，就更能让粉丝第一时间知道并且参与，因此微信公众号也成为微店信息推广的一大推手。

图5-8 茵曼微信公众号推广微店产品信息

图5-9 茵曼群发消息关于微店新产品详情

5.2 微信个人账号

微信个人账号，是现阶段人们使用的一种主要社交软件，其拥有数量庞大的使用用户。基于此，微店商家必须重视微信个人账号的推广作用，只要方法得当，便能在商品推广中收到意想不到的效果。

5.2.1 好友推广

微店在微信个人账号上推广，一个最基本的途径就是好友推广。众所周知，每个人的微信上都会添加很多的好友，这些好友可能是你的亲属、朋友、同事，他们不仅是你精神上的寄托，也可以成为你商业上推广商品的得力助手。那么微商怎么才能利用微信好友推广自己的微店呢？

（1）添加微信好友。想要用微信个人号进行好友推广，一个必要的前提就是你的微信上要有足够多的好友，这样你所能发布消息的受众才会更多更广，推广所能产生的影响才会更大。至于微信好友的来源，可以从以下几个方面入手：通过手机号添加微信好友；通过 QQ 号添加微信好友；实体店铺到店转化；网上店铺客服转化；主动推广归集客户；通过百度贴吧等吸引 PC 端好友；通过 QQ 空间转化微信好友；借助微信达人推荐增加好友；将老客户转化为微信好友……总之，方法有很多，可以根据自身情况进行相应的操作。

比如通过手机号添加微信好友，这种方法也是微信官方提倡的，假如你手机的通讯录里已经有一些好友，你就可以在微信的“设置—隐私”选项（见图 5-10）里同时打开“通过手机号搜索到我”和“向我推荐通讯录朋友”这两个设置。设置好后，微信系统就会自动提醒你，哪些手机号开通了微信，从而方便你把这些手机号变成自己的微信好友。

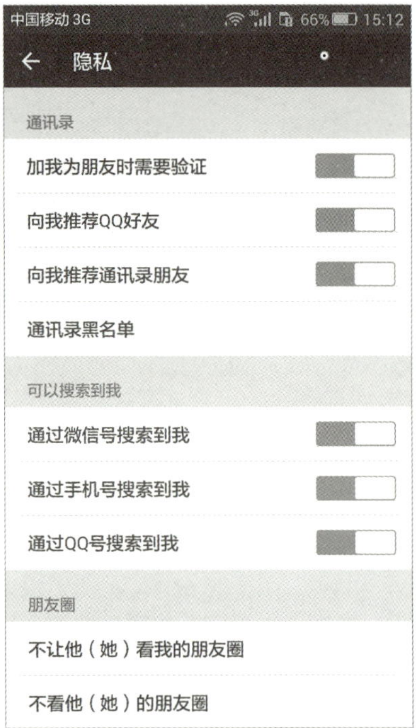

图5-10 微信“设置-隐私”里的选项

（2）分组管理。微信添加好友之后，彼此从陌生到熟悉是一个动态的过程，需要你对不同状态的好友进行分组管理。虽然微信个人号没有提供企业级别应用的“客户管理系统”，但是你可以利用微信本身自带的各种小功能来实现好友分组管理。你可以将那些有成交意向的好友在微信昵称里完成分组管理（见图 5-11）。比如你可以在昵称之后用“1、2、3、4”表示好友不同的购买意向，数字越大，表示客户越熟悉，购买意向越大，这样在微店推广过程中就可以根据对方具体情况有针对性地组织对话。

图5-11 微信昵称备注功能

（3）一对一私聊。在了解好友的兴趣、消费偏好、禁忌以及性格特征后，就可以一对一地和好友进行私聊，以加深情感，推广微店。在这个过程中，要注意的是，对方喜欢什么就聊什么，可以针对对方感兴趣的话题多聊几句，多关心对方，而不是一上来就发送广告图文。在聊天技巧上，可以采用提问和回答的方式，多解答对方的疑问，打消对方的顾虑，也要适时进行引导性提问，掌握谈话主动权。

5.2.2 朋友圈推广

一提起朋友圈，很多人都会有轻视感，觉得朋友圈内人数有限，微店在朋友圈内推广意义不大，即使能够成功，能影响到的也只是数量有限的那么几个人。这种看法表面看起来似乎很有道理，但是却忽视了朋友圈推广的核心——朋友推荐，而不是直接售卖。

很多微商在朋友圈推广微店的时候，觉得只要进行“广告轰炸”就能达到预设的宣传效果。但是在朋友圈频繁推送微店信息后，效果却微乎其微，很少有人主动询问微店内的商品信息，甚至还会被很多人拉入黑名单，成为朋友圈中的“过街老鼠”。这类推广方法之所以失败，是因为微商并没有意识到微信朋友圈的私密属性，其最根本的功能在于朋友之间的沟通，在于展示生活和工作片段，其营造的是一种心灵交流的氛围，而不是发广告、售卖产品。

那么如何才能在朋友圈顺利高效地推广微店呢?

（1）和每个人做朋友。朋友圈原本就是一个朋友间谈天说地、展示生活的场合，所以微店在朋友圈推广的时候，不应该操之过急、大发特发广告。最聪明的方法就是和每个人做朋友，谈谈家常，聊聊爱好，说说趣事，拉拉工作。彼此间关系熟悉了，以后的推广工作自然就会顺利很多。

（2）在朋友圈推广，重视交朋友。甜蜜小葡萄经营着一家名为“大佳龙虾”的微店，虽然也有自己的店铺，但是和周围那些开门迎客的店铺不同，甜蜜小葡萄的店里没有用餐的桌椅，它主要做朋友圈生意，线上接单，送餐上门。甜蜜小葡萄总会发一些生活和工作上的感想、感慨，展示自己开心或者不开心的瞬间，引来大家的关注。很多人感同身受，会积极评论和点赞。这样一来，甜蜜小葡萄自然就和大家谈得火热，成为大家心灵上的朋友。更重要的是，甜蜜小葡萄利用自己的专长，在吃的方面下功夫，向大家普及什么时节吃什么食物最进补，什么食物吃了后有助于养颜美容，什么食物不可多吃等。时间久了，甜蜜小葡萄也就成了朋友圈饮食方面的“专家”，成了很多人饮食方面的私人“营养师”。这样一来，大家都乐于从她那儿叫外卖，更乐于向身边的朋友、同事推荐她的微店。在朋友们的支持和大力推荐下，甜蜜小葡萄的微店生活火爆，成为朋友圈众人的最爱（见图 5-12）。

图5-12 朋友们交口夸赞甜蜜小葡萄的微店

（3）占领朋友们的碎片化时间。我们仔细观察朋友圈，就会发现圈子里存在着一个特别明显的现象：人人都讨厌广告，因而在朋友圈中推广微店就需要技巧。那么微商怎么才能在微信朋友圈中顺利地推广自己的微店呢？占领朋友圈众人的碎片化时间（见图 5-13），是一个不错的推广方法。

占领别人的碎片化时间，最简单的方法就是按照一定的节奏发布朋友圈，用精彩的内容吸引别人来跟你交流和互动，让别人跟你玩在一起，这样也就成功占领了别人的

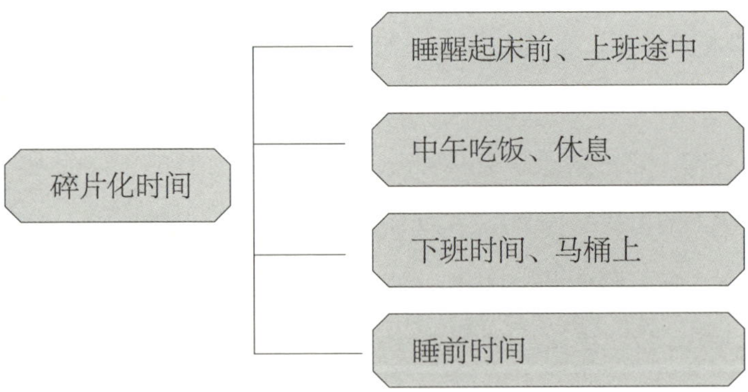

图5-13 碎片化时间

碎片化时间。在时间节奏上，每天至少要发 4 次朋友圈互动话题，分别是早上 7~9 点的上班高峰期，中午 11~13 点的午餐时间，下午 17~19 点的下班高峰期，晚上 21~23 点睡前时间。假如时间和精力比较多，有能力多发内容的话，也可以选择从早上 7 点到晚上 23 点每个整点发布一次，共发布 17 次，或者每隔两小时发布一次，共发布 9 次。这样一来，微商就会和朋友圈中的人定时“约会”，用不同的内容来吸引别人的好奇心，并让他们积极主动地参与进来，和你互动。

（4）能够提供简单的娱乐。在这个全民娱乐的年代，个人想要在微信朋友圈推广微店，最好能够将自己“包装”成圈子里的明星。随便翻一下你的微信朋友圈，就会发现在发布内容上大多是人生哲理、心灵鸡汤等，看得多了，会让人心情变得沉重起来，很难返回愉悦模式。而那些简单的、幽默娱乐性内容，则能够吸引人们的眼球，让人心情变得愉悦起来。

“公元前的云飞”就是一个很善于制造简单娱乐的微商，其微信的个性签名就是“我做的所有事都是在玩，我去的每一个地方都是游乐场”。在朋友圈推广自己的微店时，他会将内容尽量简单化、图片化，以最大限度地吸引别人的注意力，和大家玩在一起。“烤西瓜”（见图 5-14）就是这种“简单的娱乐”的代表，此图发布在朋友圈后，立刻引发了大家的一片笑声。

图5-14 “公元前的云飞”在朋友圈内发布的“烤西瓜”

总而言之，在朋友圈中推广微店，就是要想办法让大家跟你玩在一起，在娱乐的过程中让大家了解你、信任你，尽量避免频繁在圈子里赤裸裸地做广告，进行广告轰炸，那样只会适得其反。

5.2.3 使用漂流瓶

微信个人号有一个“漂流瓶”功能，其主要玩法为：其一，“扔一个”，用户可以挑选发布语音或者文字的“瓶子”，然后将之扔进“大海”中，假如有其他用户“捞”到你“抛出去”的瓶子，那么他就能打开对话；其二，“捡一个”，顾名思义就是从“大海”中“捞”出别的用户扔出去的漂流瓶，你“捞”到瓶子之后也可以打开，和对方建立对话关系，微信官方给予每个微信用户每天捡 20 次漂流瓶的权利。

图5-15 漂流瓶可以“扔”语音

（1）善于利用语言模式。 在“扔一个”功能下，你能够向外扔出漂流瓶。漂流瓶的形式有语音和文字两个选择，相对于 QQ 信箱版，微信漂流瓶的这种语音模式更能让“捞到”漂流瓶的人产生亲近感。因为和呆板的文字相比，语音带给人的信息则比较生动、直观，听起来更加真实可信。所以在使用微信漂流瓶推广的时候，你最好能够展现自己的好声音，或者找一个声音甜美的女性，专职负责录制漂流瓶语音（见图 5-15），只要按住就可以进入语音扔漂流瓶的程序，松手后则将漂流瓶抛出去。

（2）文字内容尽量避免广告。 很多微商在发漂流瓶的时候还是喜欢使用文字，他们觉得文字更容易植入广告，达到宣传推广的目的。但是这种想法首先就错了，想要让对方熟悉你和你的微店，就不能在漂流瓶中赤裸裸地“装入”广告，因为每个人都讨厌那种直接的广告，假如你利用漂流瓶做广告，相信最终都会“有去无回”，根本没人回应你，和你互动。

莎莎利用漂流瓶推广微店时，总是会让文字读起来有思想性、趣味性，并杜绝广告内容，这样别人“捞”出来后通常也会兴趣盎然，乐于回应莎莎，和她进行互动（见图 5-6）。聊天次数多了，对方就变成了莎莎的好友，熟悉之后再推广自己的微店，对方也就不会觉很突兀、难以接受了，所以成功的概率很高。

图5-16 莎莎在“扔”漂流瓶

（3）勤“捞”瓶子多回应。微商想要利用微信漂流瓶推广微店，不仅要会“扔”，还要会“捞”，而且还要多“捞”。“捞到”了别人抛出的漂流瓶，你要充满爱心地进行回复：对问问题的耐心解答，对做游戏的满怀童心参与，对烦恼的进行宽解，给高兴的鼓掌，多给失意的鼓励……这样一来，你才能和对方真心互动，让对方觉得你是一个值得谈心的人，继而亲近你、信任你，乐于和你在微信上互动。那么你在推广微店的时候，对方自然也会心怀善意地倾听。

5.2.4 微信群聊

最新版微信支持多人群聊模式，微信个人号也能向 QQ 那样拉好友进入讨论组一起群聊。微信群聊模式在微店推广中的作用不容小觑，微商可以将有购物倾向的客户拉在一起进行群聊，以收到良好的宣传效果。那么在使用微信个人号时，怎么才能进入群聊模式呢？

其实创建微信群聊很简单：登录微信，进入通讯录页面，就能看到群聊功能（见图 5-17），进入群聊页面，点击右上角“+”图标，就会进入通讯录，在想要拉入群的人员后进行勾选（见 5-18），点击“确定”，即可进入群聊模式。

图5-17 微信群聊功能

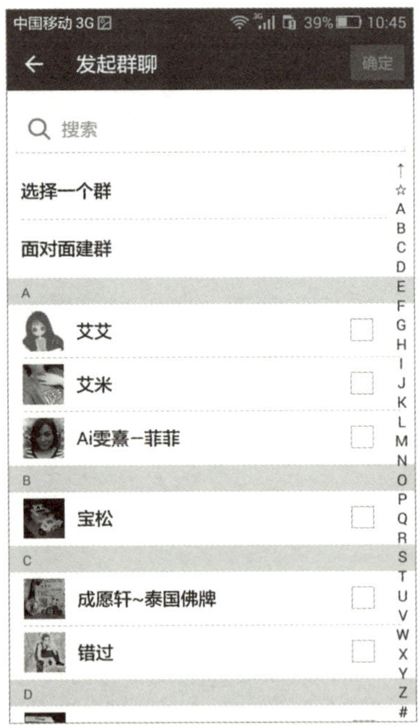

图5-18 勾选群聊对象

利用微信群聊功能进行微店推广的时候，需要注意的一点是，你勾选的对象必须有共同的兴趣爱好，并对你所经营的产品比较感兴趣，这样在进行群聊时才更容易找到共同话题，活跃气氛，打开局面，为微店推广营造良好的氛围。想要做到这一点，你需要提前做好调查分析，收集微信好友的基本资料，做好归纳，这样才能有的放矢，将有共同话题、有购物倾向的人组合在一起。

另外，群聊不应该赤裸裸地做广告。优秀的推广，需要在内容上不断创新，用优质的内容吸引大家的注意，力求在群中营造一种欢快、温馨的气氛。没人不喜欢幽默，没人会拒绝温暖，而生硬的广告推广则会毁掉这一切。所以群聊之前，微商需要提前策划好内容，尽量避免生硬的广告文字。

5.3 二维码

二维码并不是“互联网 +”时代的新生事物，在 20 世纪 90 年代初就已经出现，只是在智能手机和条形码扫描应用被广泛采用后获得了“第二春”。特别是在商业推广中，二维码所表现出来的快捷、精准等特点越来越为商家所看重，使得二维码在现阶段商业推广中“红了半边天”。

对于微店推广来说，二维码同样有着不可替代的作用。二维码中包含有微店的地址、产品等信息，假如微商能够熟练掌握二维码的使用技巧，在微店推广中广泛使用二维码，那么势必能够借助二维码“精准、快捷”的特点，在自己的微店和广大消费者之间架起一座桥梁，让更多的消费者认识你的微店，了解你的产品，精准地找到你的微店地址。

5.3.1 线上二维码推广

在“互联网 +”时代，抓住了网络也就等于抓住了粉丝，抓住了商机。特别是对于微店来说，互联网上推广的成本低廉，覆盖范围广泛，假如能够熟练地掌握线上二维码推广的方法，就能以最低的成本创造出最大的广告效应。那么如何在线上推广二维码呢?

（1）利用微博推广二维码。随着互联网的快速发展，微博已经成为人们宣传生活和工作、抒发心情、扩散信息的主要阵地。尽管随着微信等交际平台的出现，现阶段微博人气有下降趋势，但是假如微商能够充分利用好微博的各项功能，将二维码巧妙地融入到微博中去，坚持一段时间后，也会获得一定的粉丝量，扩大微店的知名度，提升微店的人气。

大宝经营着一家口袋微店，为了宣传方便，他专门制作了包含微店各种产品信息的二维码，并运用微博推广微店的二维码。比如大宝经常在微博上推出微店打折信息吸引粉丝关注，然后在博文下面加上自己微单的二维码信息，只要粉丝掏出手机扫描一下，就能精准地登录微店，了解到详细打折信息（见图 5-19）。

图5-19 微博推广二维码

（1）微信推广二维码。微信是现阶段使用人数最多、覆盖面最广、影响力最大的线上交际平台，对微商而言，想要更好地推广二维码，就必须重视微信。首创红酒微商模式的李长荣就很善于在微信上推广二维码，针对大家对红酒普遍不了解的现状，他发起了一系列品酒和讲座活动，为大家普及红酒知识，极大地提高了微店的知名度，扩大了红酒的销售额。“微酒客”在推广过程中一个最有力的武器就是二维码（见图 5-20），借助微信平台，其包含有产品信息和活动信息的二维码得到了广泛传播，极大地提升了微店的知名度。

图5-20　微酒客借助二维码推出的免费培训课程

除了微博、微信之外，微商在推广二维码的时候，还可以借助 QQ 空间、论坛、百度贴吧等社交软件，只要内容丰富、形式多样，就能吸引更多的粉丝关注，扫描二维码进入微店页面或者参加某些活动，从而成功地聚集人气，树立口碑。

5.3.2　线下二维码推广

和线上推广二维码不同，线下推广二维码则主要依靠各种活动，采取和消费者面对面的推广方式，让消费者主动扫描二维码，登录微店，关注各种产品和折扣信息。那么在具体的推广中，微商应该通过哪些活动和方式进行呢？

（1）将二维码印在传单上。对微店来说，线下推广，在人流密集的商业区散发传单是比较有效的方式。假如微商能够将包含微店信息的二维码印在传单上（见图5-21），消费者只要有兴趣就可以通过手机扫描二维码“一招搞定”，既简单，又精准。

图5-21 传单上的二维码

（2）通过各种活动推广。微店不能仅仅局限于线上的推广，还需要通过线下的各种体验活动，提升人气，树立口碑。微商可以在条件允许的范围内组织一些线下活动，在活动现场树立印有微店信息的二维码宣传条幅，通过扫描二维码抽奖等活动吸引消费者扫描二维码，生成 App，借此和消费者建立起长久的沟通渠道。

（3）线下推广二维码，视觉上的创新也很重要。相对于黑色、结构单一的二维码，色彩缤纷或者局部遮挡、环境嫁接、整体造型等富有创意的二维码，能够带给人们强烈的视觉冲击感，更能够吸引消费者的眼球，“激励”消费者掏出手机扫描二维码，获取微店的各种信息。所以微商在做线下活动的时候，不妨在二维码创意上做文章，从色彩、形态、背景等各个方面“装扮”二维码（见图 5-22），这样才能最大限度地引起消费者的关注。

5.4 QQ推广

QQ 是目前人们使用最广泛的交际沟通软件平台，虽然随着微信的快速发展，QQ 使用人数有逐渐下降的趋势，但是现阶段使用 QQ 的人数还是非常庞大的。假如微商能够借助 QQ 这一社交软件推广自己的微店，

图5-22 富有创意的二维码

传递产品信息和折扣活动消息，那么借助庞大的受众群体，如操作得当，必能达到预期的推广效果。

5.4.1 QQ空间

作为 QQ 的一个重要功能，QQ 空间是腾讯公司于 2005 年开发出来的一个具有个性的空间，它具有博客的功能，自从问世以来，就受到了很多人的喜爱，特别是在年轻人群体中有着超高的人气。在 QQ 空间中，可以书写日志，也可以写一下说说，上传个人的图片，听音乐，写心情，通过各种各样的方式展示自己。而对于微商来说，利用得好，QQ 空间也是一个不错的推广微店的阵地。

QQ 空间首先是展示生活和心情的阵地。有些微商在 QQ 空间进行推广的时候，忽略了 QQ 空间的本来功能，忽视了对生活片段的展示，总是不停地发广告、做宣传，妄图用“广告轰炸”的模式推广微店，但是最终效果往往不明显，甚至会被别人直接拉黑，成为人人厌恶的“过街老鼠”。所以聪明的微商都会先做空间内容，用丰富多彩的内容吸引粉丝，而不是无限制地做广告。

小煊煊经营着一家美容化妆品微店，她非常善于在 QQ 空间进行推广。和很多人不同的是，小煊煊做广告的次数很少，展示生活片段和心情的内容却很多（见图 5-23 和图 5-24），和空间好友互动也很频繁，时间久了，大家都习惯来她的空间看一看，她的人气越来越高，之后再推广微店就变得很容易了。

图5-23 小煊煊在空间中展示生活动态

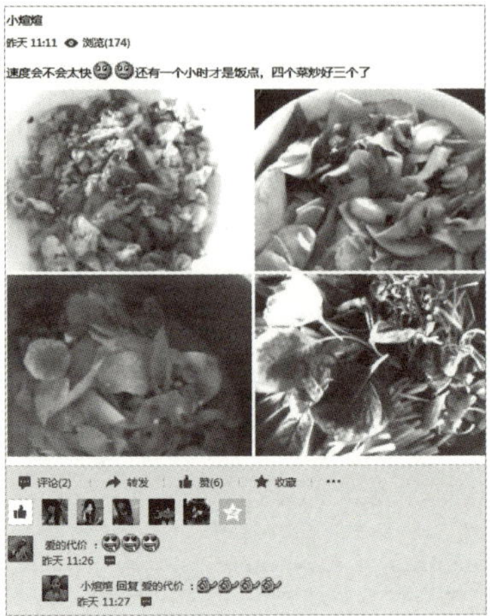

图5-24　小煊煊在空间中展示手艺，大批粉丝点赞

广告数量要适量。当你在空间内通过展示生活和频繁互动拥有了大量的粉丝后，就可以推广微店、推送产品信息了。但是需要注意的是，广告的发布频率要适度，控制在人们容忍的范围内。而且广告的内容要有创新性，不要千篇一律，这样就不容易让人产生审美疲劳，甚至会期待你的广告发布（见图 5-25）。

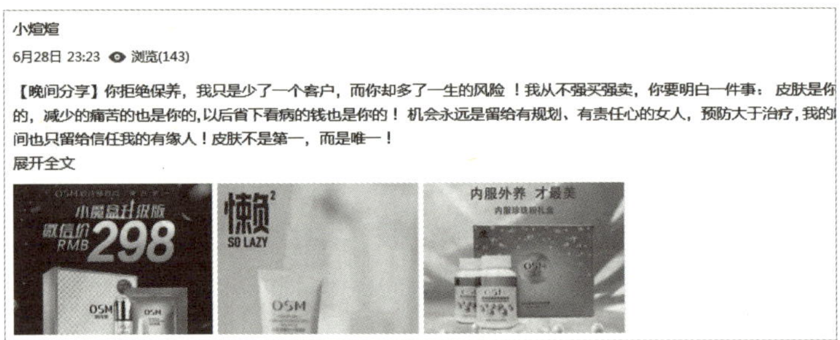

图5-25　小煊煊在空间煽情地推广微店产品

5.4.2　QQ签名

QQ 签名是指即时通信软件 QQ 中，人们可以设定的签名。通过这个签名，人们可以向粉丝们展示自己的个性和心情。腾讯公司在 2005 年推出此功能后，受到了广

大 QQ 用户的欢迎，很多人都将签名功能作为展示自身个性的舞台。对微商来说，QQ 签名也是一个推广微店的“窗口”，利用得好，则能有效地传播微店信息。

新版 QQ 个性签名的位置很好找，昵称下面一行就是（见图 5-26），只要轻轻点击一下，就可以输入你想要输入的内容。

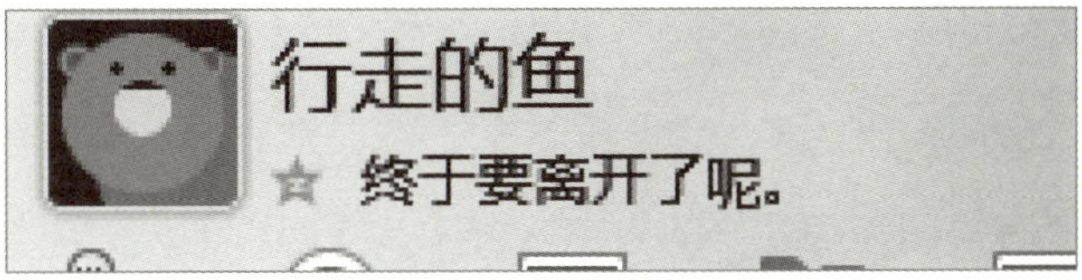

图5-26 QQ个性签名

输入内容要力求简短，意思清晰，富有个性化、创新性。由于 QQ 签名有字数限制，最多不能超过 50 个汉字，再加上很多用户对广告特别敏感，特别不喜欢看长篇大论的广告词，所以微商在利用个性签名推广微店的时候，要尽可能地简短，内容上也要有个性化和创新性，千篇一律的广告词只会让人厌倦，富有个性和创新意味的签名才会让人印象深刻，才会最大限度地吸引人们的注意，从而更好地推广微店。

小煊煊就非常善于利用 QQ 签名推广自己的微店（见图 5-27），而且效果也不错，很多人通过她的个性签名得知她的微店信息，开始关注她，从她那儿购买美容和减肥产品。小煊煊的秘诀就是：个性签名要简单，有个性，还要有创新性。比如她现在的个性签名“我就是性子急，昨晚自己抱着娃去取货了……”，在调侃自己个性的同时，“取货”二字巧妙地推广了微店，点出了自己的职业，避免了长篇的广告文字。这样的微店推广让小煊煊如鱼得水，最大限度地提升了微店的曝光率，打出了名气，提升了人气。

图5-27 富有个性的QQ签名

QQ 签名要保持适度的更新频率。一个好的个性签名固然能够最大限度地吸引别人的眼球，但是假如存在时间过长，别人看多了，便容易产生审美疲劳。所以对微商来说，QQ 签名需要保持适度更新，隔一段时间就要换上一个更有个性、更有创意的签名，这样常更常新，微店推广才能维持长久的生命力。

5.4.3 QQ群

QQ 群是腾讯公司推出的多人聊天交流的一个公众平台，群主在创建群之后，就可以邀请朋友或者有共同兴趣爱好的人加入群中，一起聊天，关注某个话题。当然除了聊天之后，QQ 群还有群空间服务，在群空间中，用户可以使用群 BBS、相册、共享文件、群视频等方式进行交流。假如微商能够利用好 QQ 群，也能为微店推广添加一个得力助手。

申请一个 QQ 群。QQ 群并不是 QQ 标配的功能，微商想要成为“群主”，借助群推广微店，就必须先申请一个属于自己的群。那么怎么才能申请群呢？

登录 QQ 后，点击群标志，然后在转换到的页面中点击创建旁的下拉菜单，就会出现“创建”选项（见图 5-28），点击“创建群”，随后会弹出“选择群类型”界面，点击你想要创建的群类型，就会出现创建群的具体资料框（见图 5-29），将资料框中的资料填写完备，然后点击“下一步”就可以成功创建一个属于自己的群。

图5-28 “创建”选项

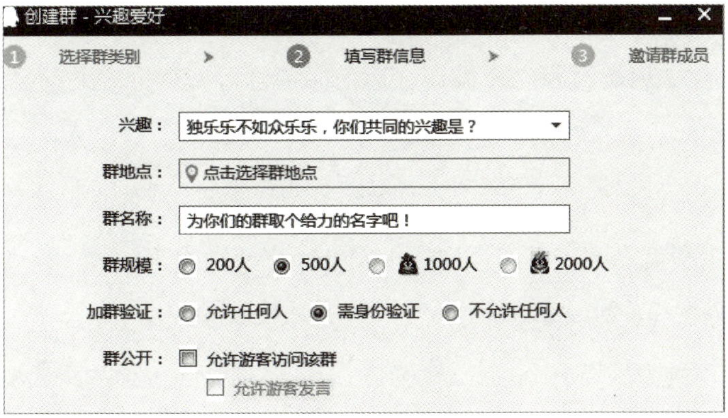

图5-29　群资料框

添加 QQ 成员要有所选择，尽量吸收和所推广产品有关联的成员。也许有些微商觉得利用 QQ 群推广微店是一件很简单的事情，只要申请一个群，然后拉入一些成员，发发广告就可以了。但事实上，假如你不调查，不选择，胡乱拉一些人进来，由于大家兴趣不一，对你的推广信息不感兴趣，你的推销效果肯定会大打折扣。所以群成员需要有选择性地添加，要特别关注那些对你的产品感兴趣或者和你微店产品有某些关联的成员，也可以将亲朋好友加进来，这样大家有共同的话题，推广起来会很容易。

多做活动。“互联网 +”时代，广告似乎无处不在，有时候甚至影响到了人们正常的生活。所以很多人潜意识里都讨厌广告，作为微商来说，在 QQ 群推广微店的时候，最好不要赤裸裸地打广告，而应多推出一些折扣产品，做一些线下活动，联络情感，这才是最有效的推广手段。

5.5　微博推广

微博作为主要的社交和信息发布平台，现阶段虽然随着微信的强势崛起，用户人数有所下滑，但是其庞大的用户基数依然吸引了众多商业巨头在微博上开设推广阵地。作为微商，也应该紧紧抓住微博，开设微博账号，推广自己的微店，借助微博最大限度地提升自己微店的名气，树立起良好的口碑。

（1）微博推广先赚“粉丝”。微商在运用微博进行微店推广之前，需要先积累“粉丝”，提升微博的人气。那么怎么才能吸引别人关注你呢？最根本的一点就在于——注重风格，彰显个性。每个人都有自己的个性，或温婉，或耿直，或清幽……正是这种特有的个性吸引着别人，其实微博也不例外，想要别人关注你，你就要彰显出微博的个性，注重形成自己的风格。

想要让自己的微博更有个性，首要的一项任务就是完善你的个人资料，让别人知道你的微博是干什么的，能给予用户什么样的体验。另外，在发布内容的时候，要坚持原创，展示生活片段，注重提供简单的娱乐，这样才能彰显自己的风格，让别人更乐于关注你。

（2）用创新性内容吸引用户关注。一个微博，内容是最主要的含金点，假如每天来来去去都是一些无趣的内容，那么用户便会渐渐对你的微博产生审美疲劳，继而取消对你的关注。反之，假如你的微博上每天都能出现一些创新性的东西，或者能够让人看了“哈哈”一笑，那么别的用户就乐于关注你的微博，对你的微博忠诚度也会大大提升。更重要的是，这种内容新颖的微博转发量也会大增，这样一来，你的微博信息就会几何级扩散，曝光度自然也就极大地增加，吸引更多的人关注你。

另外在时间发布上也需要选好时间段，假如时间段掌握得好，推广就可以事半功倍。一般而言，最佳的微博发布时间段为 7：00~9：00、11：00~13：00、17:00~21:00，因为在这 3 个时间段，人们处于上班之前、中午休息和下班之后，更倾向于浏览微博。但是需要注意的是，发布微博不要过于频繁，一定要适度，不然会被认为是刷屏，导致别人取消关注。

（3）合理穿插广告进行推广。当你微博上的“粉丝”积累到一定数量后，你就可以在每天发布的微博中推广一下你的微店了。但是需要注意的是，推广要巧妙，要适度，否则物极必反，大量无序的推广只会失去微博原本的个性，导致关注度下降，甚至让人心生厌恶而取消关注。

5.6 网页论坛

“互联网 +”时代，网页论坛始终活跃着一群用户，流量之大有目共睹。对微商来说，抓住网页论坛，积累人气巧妙推广微店，是一个非常有效的推广途径。

（1）寻找目标论坛。微商想要在论坛上推广自己的微店，不能乱撒网，什么论坛都上，漫无目的地推广只会浪费大量人力物力，最终效果却事倍功半。微商应该根据自身微店经营的产品类型选择相关联的论坛进行推广，比如经营母婴用品的微店，就应该在一些育儿类论坛上进行推广，经营运动体育用品的微店则可以在一些专门的运动类论坛上推广。这样一来，微店和论坛就有了共性，你发起的话题就能最大限度地获得关注，成为别人讨论的焦点，你的推广才有可能成功。

（2）注册成为论坛用户，熟悉论坛，积累人气。想要在论坛上推广微店，就必须先成为论坛里面的用户。注册成功后，先不要急着去发广告贴，因为一来你和别人不熟悉，二来赤裸裸的广告贴缺乏个性，导致你发的帖子很难获得关注。所以微商在论坛注册成功后，需要花几天的时间熟悉一下论坛的各个板块，诸如论坛的各项板块设置、主要功能、论坛的人气以及主要登录的人群职业状况、最活跃的帖子类型等。

（3）抓住少量板块重点培养。微商在熟悉了论坛的各项功能和板块人气后，可以选择论坛中最具人气或者和微店关联最紧密的板块，想办法在几个月时间内成为里面的专家或者热点人物。你可以选择一个板块，然后每天在上面回答问题，并且不管别人所提问的问题多么尖锐，你都要耐心回复解释，最后可以用这样的话建立更加紧密的联系，比如“你如果还有什么不明白的地方，可以随时联系我，这是我的微店地址”之类的话，这样别人点击你的微店地址的可能性就变得越来越大，最终有可能发展为长期访客。

更重要的是，经过几个月甚至更长时间的努力经营，你可能会成为板块上的专家级人物，之后你可以去申请版主之类的职务，这样推广起微店来就更加轻松。

总而言之，想要在论坛更好地推广微店，微商在前期要多收集材料，找到人气板块，或者自己擅长的板块，用丰富的内容吸引别人，坚持下来，那么最终的推广就能成功地提升微店的流量和人气。

5.7 跨界推广

随着市场竞争的日益加剧，各个行业之间相互渗透，相互融会，人们已经很难清楚地说明一家企业或者品牌的属性。微店在营销推广的时候，也应该善于“跨界”，找一个或多个互补性的商家，通过彼此间的合作，让消费者得到一种更加愉悦享受的购物体验。如此一来，以消费者为中心的推广理念，势必会在消费者满意的基础上获得巨大的成功。

那么微商在进行跨界营销的时候，需要坚持什么原则才能达到最佳的推广效果呢?

（1）资源相互匹配。跨界推广其实和结婚差不多，婚姻讲究门当户对，微店在跨界推广的时候也需要找和自己实力相当的微店或者企业，寻求强强联合，如此才能使得跨界推广获得 1+1>2 的效果，实现双赢。也就是说，你在选择跨界伙伴时，要考虑自身和对方在品牌、实力、营销思路以及产品消费群体、市场地位等方面应该有的共性和对等性，只有具备了这种共性和对等性，跨界推广的效果才会显现出来。

（2）品牌效应叠加的原则。所谓的品牌效应叠加，就是两个品牌在优势上能够产生互补，将各自已经确立的市场人气和品牌内蕴相互转移到对方的品牌身上，或者传播效应能够相互叠加，从而丰富各自品牌的内涵和提升品牌的整体影响力。每个品牌都诠释着一种文化、方式或者理念，体现了目标消费群体的个性，但是假如品牌特征比较单一,那么它的诠释效果就会减弱。而和另外一种品牌结合在一起,两者互通互补,相得益彰，就能避免这种单一性，提升消费者对品牌的认知度。

（3）跨界合作伙伴消费群体要一致。微商在选择跨界合作伙伴前必须了解的一点是，每个品牌都有一定的消费群体，都展示着其消费群体的特征，想要跨界推广的效果达到最好，那么微店合作双方或者品牌必须具备一致或者重复的消费群体。

微商小文经营着一家母婴用品微店，为了更好地推广微店，提升微店的名气，他决定联合别的行业微店进行跨界推广。经过考察后，小文决定和一家音像微店合作，只要在小文店内购物满50元,就可以在另一家音像微店八折购买智力开发音像品一份。同样,在另一家音像店购物满60元,也可以在小文的微店八折购买一件产品。这样一来，由于两家店的消费群体有很大的重合，所以这样的跨界推广一展开，就为各自的店面吸引了更多的人流，销售和利润都有很大的增长。

5.8 线下推广

很多微店专注于线上推广，忽视线下推广，觉得微店只要在互联网上推广好，就能打出名声，获得人气。其实不然，虽然线上推广具有成本低、流量大、易于推广等优势，但是和线下推广相比较，却在体验、人气等方面逊色不少。所以，对微商来说，做好线下推广是非常重要的。

微店相对于实体店，最大的一个缺点就是消费者不能亲身体验商品，缺少体验感。而线下推广如果做得好，就能很好地弥补微店的这一缺点。线下推广需要到人流密集处多做活动，散发传单，提升微店的名气和人气。对微商来说，可以利用节假日在城市的商业中心区域搞一些活动，让消费者亲身体验一下商品，这样消费者才会觉得真实、有趣。

5.8.1 使用宣传单

宣传单是微店线下推广最常用、效果也最佳的一种方法。微商可以在城市商业中心、车站等人流密集的地方散发宣传单，这种方法虽然看似笨拙，但是假如运用得好，也会大大提升微店的知名度。

内容为王。每个微商都希望自己散发出去的传单得到消费者的重视，能够被认真地阅读。但通常情况下，消费者在接收到传单后目光停留在上面的时间只有短短的几秒，假如没有什么特别吸引他们的“热点”，他们很快就会转移目标。这样一来，即使你散发出去的传单数量再多，最终的效果也会非常有限。

所以微商必须坚持“内容为王”的传单制作原则，在传单内容上下功夫，力求做到新颖别致，让人在看了一眼之后引发好奇心，继续看下去（见图 5-30），传单的宣传效果才会达到最大化。

图5-30 让人“流连”的传单

散发传单的方式要能吸引人。现阶段，在人流密集的地方散发传单似乎成了商家推广的“必杀技”，每个城市人流密集的地方总能看到散发传单的大军。各种各样的传单让消费者目不暇接，但也在一定程度上让他们产生了审美疲劳，有些消费者在接到传单后甚至看都不看一眼就直接塞到垃圾桶中。所以微商想要让传单达到最佳效果，还需要在散发方式上有所创新，新颖的散发方式远比呆板地散发更吸引人，且让人更关注传单内容。

月月为了更好地推广自己的儿童玩具微店，经常在商业广场散发传单。和其他散发传单的人不同的地方是，她会将自己装扮成吉祥物、小丑、小黄人等卡通人物。这样的做法很有效果，尤其是对那些带着孩子出行的父母们“杀伤力”巨大，被儿子或者女儿拉着驻足观看，对传单上的内容阅读也很仔细。而且她还推出了“扫描二维码免费拍照”活动，这样更推动了很多家长扫描二维码，关注了微店信息，这样极大地提升了微店的流量和人气。

5.8.2 门店推广

和在人流密集处分发传单推广微店不同，门店推广的地点比较固定，推广起来也相对比较容易。假如微商有自己的实体店，那么在实体店中可以借助很多方式和方法推销微店；假如微商没有自己的微店，则可以通过和其他实体店进行合作来进行门店推广。在具体的门店推广中，微商怎么做才能更高效地推广微店呢?

（1）在实体店门口做文章。门店推广，不一定要消费者进入店内，只要在店门口做好文章，一样能够快速有效地推广微店。微商可以在店门口树立起一个印有包含微店信息二维码的宣传广告，这样消费者在感兴趣的时候就可以拿出手机扫一下，精准地进入你的微店。当然，想要让消费者驻足阅读门店门前的广告信息，这个广告内容就要有足够的吸引力，这就要求微商在广告内容上善于创新，做到新颖别致，引人驻足。

（2）用奖品和折扣信息吸引消费者进店。也许店门口的宣传不足以让消费者彻底了解你的微店，这个时候你就需要用奖品或者折扣信息“引诱”消费者进店体验产品的具体功能。比如你可以在店门口树立一个“进店送惊喜”的广告牌,吸引消费者进店。当消费者进店之后，你可以送一些小礼物，诸如日用产品、小玩具等，以此拉近和消费者之间的距离，为更好地推广微店奠定良好的基础。

（3）店内做好体验。实体店相对微店的一个最大优势就是能够提供给消费者真实、便捷的产品和服务体验，让消费者对产品性能和服务水平有一个直观的了解。微商可以在门店内设置一个产品体验专区，让进入门店的消费者真实地体验一下产品的功能，获得良好的消费体验感受，从而最大限度地提升产品的人气，最终在消费者群体中树立起良好的口碑。

第 6 章

打造“爆款”，微店人气就要这样“红”

微店想要快速地打开市场，做出成绩，必须要学会打造“爆款”产品。所谓“爆款”，就是高人气产品，往往在推出后不久就会被消费者抢购一空。那么微店怎么才能打造出自己的“爆款”呢？本章将从产品选项、市场分析、培育、宣传等方面进行详细的解读，以实战化的方法和策略为“爆款”产品的诞生搭桥铺路。

6.1 爆款对店铺来说很重要

对微店商家来说，想要获得最大利润，就必须尽力打造出人气产品，也就是通常所说的爆款。爆款的最大特点就在于供不应求，利润高，是微店商家的摇钱树。从这个角度上看，可谓无爆款不店铺。

（1）爆款意味着供不应求，利润超高。对微店商家而言，一旦培养起微店的爆款，就意味着这款产品已经成为众多消费者关注的对象，一经推出就会获得消费者的抢购，商家自然也就不用担心商品的利润问题。由此可见，爆款的多少决定着微店商家获得利润的多寡，商家手中的爆款越多，就意味着能够获得的利润越高。

（2）爆款意味着人气超高，助推其他产品的销售。爆款的意义不仅仅局限于可以为微店商家提供超高的利润，还在于能显著地提升微店的人气，带动微店流量，让其他产品更多地曝光在消费者眼前，让很多消费者在关注爆款、抢购心爱产品之时，顺带浏览微店中的其他商品信息，久而久之，微店的其他商品销售数额自然也就大大提高了。

（3）爆款有助于微店快速地树立起口碑。爆款在提升微店人气的同时，也会显著地增强消费者对微店的信心，为微店在消费者心中树立起金字招牌。而微店口碑的树立，反过来则能坚定消费者购物的信心，促使消费者在微店持续消费，并且主动向身边的亲朋好友推荐。如此一来，微店的口碑自然会快速地在消费者群体中传播开来，微店也就获得巨大的利润，在激烈的市场竞争中永远立于不败之地。

6.2 产品选款

所有的微店商家都希望自己能够打造出爆款，成就业内的传奇，但是纵观微店营销历史，能够做到这一点的商家其实并不多，究其原因，在于产品选款上不能很好地把握住原则，没选到那些有希望成为爆款的产品。那么怎么才能精准地进行产品选款，为之后打造爆款奠定良好的基础呢？其实主要应坚持好以下3大竞争策略。

（1）差异化的竞争策略。正所谓物以稀为贵，微店商家在产品选款的时候，要尽量避免选择那些在什么地方都能买到的产品。因为假如微商在销售这类产品时在价格上不做“突破”，不占据优势，那么销售起来肯定不愠不火。所以微店商家应该尽量选择那些在实体店中不容易买到的产品，做到“人无我有，人有我精”，这样消费者才乐于购买。

（2）成本领先策略。爆款产品大多具有成本领先优势，相对于同类产品，一般会在价格上有很大的优势。比如小米手机爆款相对于同样配置的其他品牌手机价格更低，其超高的性价比更容易吸引住消费者的眼球。所以微店商家在选择产品的时候，必须着眼于产品的成本，看它是否有超高的性价比，能否在同类产品中凭借着成本优势吸引消费者的眼球。当微店商家找到了具有成本优势的产品之后，可以重点进行考察。

（3）专业化的相对创新策略。对微店商家而言，在产品选款上，很多人总是习惯性地遵循“做熟不做生”的规律，觉得选择熟悉的产品做起来会相对容易些，而陌生的领域摸索起来有难度，即使花费很大的时间和精力，最终也不可能培养出爆款。这种想法在产品选款的时候很值得坚持，特别是对那些刚刚涉足微店的新手商家而言，与其冒险选择自己不熟悉的产品，不如在熟悉的产品领域做文章，进行专业化的创新。比如你在绘画方面有天赋，那么不妨选择艺术类商品打造爆款，因为有了你的艺术才能支撑，在专业化的思维下，你的创新性意识会大大提升产品的魅力，能够让消费者眼前一亮，更好地吸引消费者。

6.3 寻找同行热销产品

微店商家想要打造属于自己的爆款，就要提前了解行业的热销产品，从中总结可行的经验，借鉴成熟的市场经营方法等。这些从成功商家那里得来的数据和经验，对新手微店商家而言是非常重要的无形资产，可以为之后打造属于自己的爆款指明正确的方向。

（1）搜集行业资讯。微店商家可以直接通过各大搜索引擎来搜索产品热卖信息，或者在一些知名的产品批发平台上进行搜索（见图6-1）。如在搜索平台或者电商批发平台搜索栏中输入“某某行业热卖产品”“某某类产品销量排行榜”“某某市场热点分析”“某某产品热销款”等。

有时候，微店商家需要的行业热销产品信息也许直接搜索不出来，这个时候可以先查看一些相关信息，通过集体数据进行推测。比如你想了解一下全球热销运动产品的信息，而在网络上搜索不出来，你不妨先搜索一下世界范围内什么运动最流行。比如你通过搜索发现高尔夫、网球、棒球、足球、篮球、瑜伽等运动在国内外都比较流行。而流行运动势必会带动相关产品的热卖，相关产品成为爆款的可能性就会无限增大。

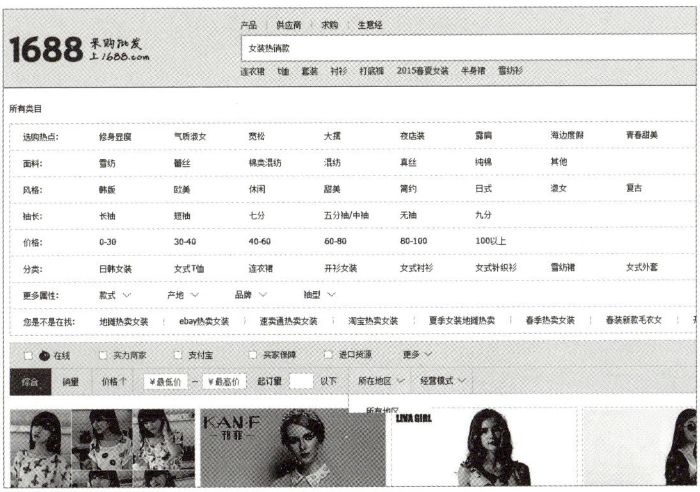

图6-1　在阿里巴巴搜索行业产品信息

（2）实地考察实体店产品销售情况，多逛逛高人气微店。不管是微店还是实体店，都是产品销售的载体，实体店产品热卖与否，其实也是微店产品热销与否的一面镜子。

所以想要掌握同行业热销产品的具体情况，微店商家不妨做一次“顾客”，多逛一逛所在城市相关产品的实体店，这样可以更加直观地了解产品销售的热度，收集热卖产品的具体信息。同样的道理，多浏览一下同行的高人气微店（见图 6-2），也可以精准地掌握热销产品的信息。

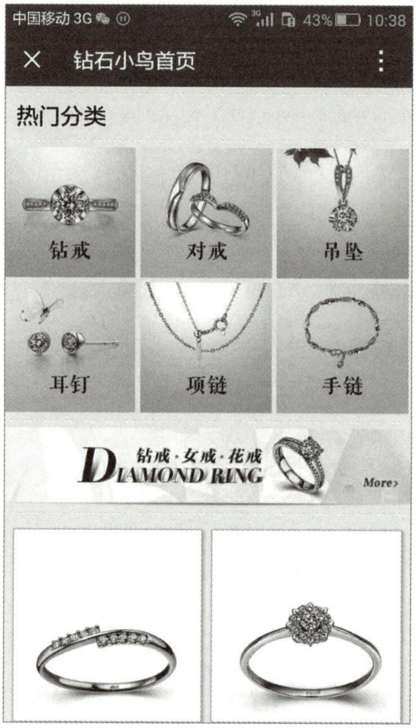

图6-2　高人气店铺

（3）和消费者或同行交流热卖产品信息。微店商家可以加入一些同行业交流群，比如“某某产品 QQ 群”，多和别的商家探讨市场行情，彼此交流有用的信息。另外，微店商家也可以从消费者那里获得产品热销信息，比如在和老客户沟通的时候聊一聊。掌握行业流行动态。

6.4 不要等别人都卖了你才开始卖

微店商家想要打造属于自己的爆款，一个最基本的原则就是“先下手为强”。微店商家只有做到一步先，才能步步先，走在别的商家前面，抢先提升微店的人气，树立良好的口碑，最大限度地占领市场。

（1）人无我有意味着极小的市场竞争压力。微店商家在打造爆款时，最好能够做到人无我有，当第一个吃螃蟹的人，而不是做跟风者，等到别人都开卖了，你才跟进。首先进入市场，所面临的竞争压力几乎为零，在这样的市场环境下，只要产品有巨大的需求市场，就能很快成长为爆款。而且在爆款产品的支撑下，整个微店的人气也会迅速提升起来，获得大量的粉丝，牢牢占据市场主导地位。反之，动作慢，总是跟风，等你进入之后，就会发现大部分市场早已经被瓜分，而剩下的一点市场竞争也非常激烈，很难打造出爆款。

（2）主动出击，寻找新产品。对微店商家而言，市场瞬息万变，原地等待，即使现在的产品销售不错，时间久了也会坐吃山空。商家应该用长远的眼光看待市场，培养新的爆款，储备新卖点。也就是说，微店商家想要在市场中不断发展壮大，就必须主动出击，寻找新产品，打开新的市场。如此，商家才能获得更大的自主权，占据更多的市场份额，打造更多的爆款，获得更多的利润。

（3）坚持个性，做到独一无二。领先别人一步，不仅需要在入市时间上领先，还需要注重产品的个性化，在打造产品特色上领先。现阶段，消费者购买产品，除了看重其质量和使用价值外，对产品的个性化特色也越来越重视。也就是说，一件产品，对消费者而言，除了使用价值之外，其装饰性、身份性等符号化的特色变得越来越重要，已经成为影响消费者是否购买的重要因素。所以商家在快速入市的同时，也应该快速地在产品个性化上“入市”，为自己所销售的产品打上时代潮流的烙印，这样产品才有升级为爆款的可能。

6.5 根据市场进行产品定价

对微店商家而言，想要打造爆款，必须在产品定价上把握好分寸，因为价格对产品的销售数量有着直接的影响。我们可以想一想，为什么有些产品平时销售平平，但是一降价就会拥有强大的人气呢？这种现象恰好说明了产品质量是合格的，正是价格的原因导致之前的销售受到阻滞。

（1）高度重视产品的定价。对微店商家而言，必须要明白的一点是定价合理与否，这关系着产品能否具有升级成为爆款的潜力。要知道价格定得过高，就会影响到产品的销量，而较低的销量则会影响到该产品讨论群体的形成，使其变得不热闹，而讨论群体的不热闹则会反过来形成商品在传播蔓延中的阻碍，使其丧失成为爆款的可能性。所以微商在产品上架定价之前，需要慎重考虑，综合分析，确保产品的定价既能在同类产品中保持价格上的优势，又能让自己获得一定的利润。

（2）定价要以市场为基础。产品的价格不是由微店商家主观决定的，想卖什么价格就定什么价格。培养一个爆款，其价格必须着眼于市场，综合分析原材料成本、运输、人工等各种因素，在参考市场同类产品价格基础上制定。假如脱离了市场，随便变动产品价格，过高则缺乏消费者问津，过低则会引发消费者信任危机。

（3）价格不稳定，损害消费者权益。在制定好价格后，微店商家要遵循市场运行规律，不要主观性地频繁调价。比如今天一个价格，明天又一个价格，这种频繁调价的行为就会导致已经购买产品的消费者产生这样一种心理：自己吃亏了。而这种吃了亏的心理则会导致消费者对微店商家生出消极抵制情绪，甚至对产品和商家的认同感降低，继而对产品的口碑产生消极影响。

6.6 微店首页醒目标注爆款产品

微店通常不会只经营一种产品，很多商家为了达到利润最大化，经常将多种甚至几十种产品摆上货架。这样一来，商家就需要在店铺首页标注爆款产品，以期让消费者在第一时间看到爆款，点击查看产品的具体信息，提升爆款的人气和销量，使得畅销期能够最大限度地延长。

（1）在网页上设置爆款滚动展示区。不同于一般的微店，拥有爆款热销产品的微店,商家通常会在页面中上位置设置一个“产品滚动展示区”,滚动展示微店的产品（见图 6-3），就等于在消费者眼前放置了一块 LED 展示板，让消费者在登录网站之后第一时间眼球就被牢牢地吸引在这上面。随着爆款在微店页面的突出展示，人们对微店爆款产品的关注度必然更高，爆款成为人们购物首选的概率也会更大。

（2）设置热销排行榜。微店商家不妨在自己网店首页显著位置设置一个“热销排行榜”（见图 6-4），将店内热销产品集中在这个排行榜中。从心理学角度来看，人们普遍对“热销”“排行榜”等词汇缺乏免疫力，会在好奇心的推动下点击查看。这样一来，首页设定热销产品排行榜必能加大微店爆款产品的点击量，使其成为微店的招牌性产品。

图6-3 爆款滚动展示

图6-4 热销商品排行榜

（3）在公告板公示爆款。除了采用滚动板和图片的方式展示微店爆款产品之外，微店商家也可以在微店公告板公示店内主营的产品，列举爆款，让消费者在登录微店网页之后，会很容易从公告板信息中了解到微店的主营产品，并且倾向于查看公告中列举的产品的具体信息。

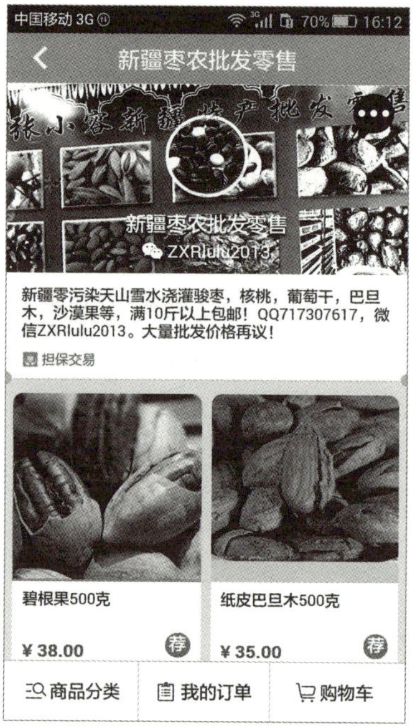

图6-5 公告板中的爆款

6.7 爆款培养阶段，加大投放广告力度

对微店商家而言，培养爆款，除了保证产品的质量、成本优势之外，还要在广告宣传上加大力度，将产品的好快速广泛地传播给消费者，做到“家喻户晓”。传统产品“酒香不怕巷子深”的被动式营销已经过时，微商想要培养出属于自己的爆款，就必须加大投放广告的力度。

电视、搜索排名、纸媒等平台做广告都需要花费可观的费用，对刚刚投入运营的微店来说简直是天文数字。其实只要微店商家转变观念，在自媒体大行其道的现代社会，零成本投放广告并不是什么难事。

（1）在微信朋友圈点燃“星星之火”。一提起微信朋友圈，很多微店商家都比较轻视，之所以出现这种现象，一方面和微信官方点名反对在微信朋友圈做广告有关联，另一方面也和很多商家对微信和朋友圈了解不够有关。作为现阶段使用人数最庞大的社交软件，微信的广告能量绝对巨大，依托微信的朋友圈虽然有人数限制，但是只要微商广告做得巧妙，就会产生“裂变效应”，从一个圈子传播到另一个圈子，由一个人推荐给众多人，因此，微信朋友圈绝对是商家推广的圣地。

当然在微信朋友圈赤裸裸地做广告绝对是愚蠢的，次数多了可能被别人拉黑。让别人关注你最好的一个办法就是成为朋友圈最抢眼的那个人，晒自己的生活，讲故事，普及知识，提供简单的娱乐……总之，除了偶尔做一下广告，你需要展示自己的个人魅力，让大家都喜欢你，别人在关注你的同时，自然也就关注你的产品了

（2）微博是产品推广的好平台。在这个消息爆炸的移动互联网时代，每个人都是信息的受众，也是信息的发布者和传播者。在众多信息发布和传播平台中，微博出现的时间比较早，已经成为很多人生活的一部分。不管人的年龄、知识结构和社会地位如何，都能够在微博上发布信息，表达自己的爱恨情仇。微店商家可以开设微博，先聚集起人气，成为“微博达人”或者“明星”，然后收获粉丝红利，推广微店产品。

（3）利用各种论坛发表微店和产品信息，树立口碑。微店商家在论坛上传播口碑信息时，需要注意的一点是：不同内容的信息所引发的传播效果是不一样的，假如商家在论坛上盲目、无针对性地传播广告信息，不仅会导致资源上的极大浪费，还会被别人认为是“广告帖”，甚至会违反某些硬性规则，继而被删帖。这就要求微店商家必须站在消费者的角度上以最终的营销效果最大化为目标，根据消费者的心理需求设计并选择恰当的内容以及传播形式。

当然，通过其他社交平台诸如 QQ 群和空间等也可以广泛地传播微店产品信息，拉升产品人气。只要微店商家技巧使用得当，方法高明，就能通过各种自媒体平台提升产品的曝光率，加大产品的广告推广力度。

6.8 用超热关键词来提高搜索量

微店商家想要培养属于自己的爆款，不仅需要在产品质量和个性上下功夫，还需要在产品宣传和微店流量上做文章。消费者在购物之前通常会通过搜索引擎搜索中意的商品，在搜索结果中寻找商家，进入商家主页查看产品的具体信息。由此可见，提升微店产品的搜索量，增加产品的最大曝光率，是微商打造爆款的重要途径。

那么微店商家需要怎么做，才能最大限度地吸引搜索量呢？

（1）发布热点文章，增加流量，“曲线救国”（见图 6-6）。对微店商家而言，最高明的增加搜索量的方法就是关注新闻热点，紧跟舆论风向，在文案中融入大众关注的焦点。这样大家在搜索关键词的时候，搜到微店商家文案的可能性就会大大增加。在热点的促使下，很多人会点击阅读，继而登录商家的店铺，浏览各种产品的详细情况。所以微店商家不妨结合当下的热点，诸如影视、时政、太空探索、文化、体育、艺术等方面，多推送一些文章，吸引消费者点击，继而“曲线救国”，最终为微店增加流量。

图6-6 “大圣归来”贴近舆论热点

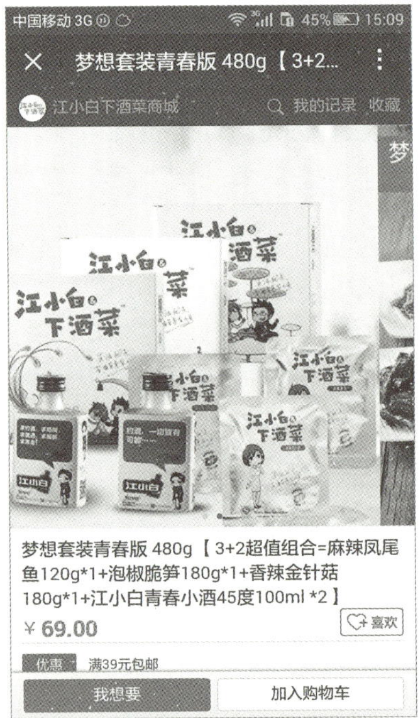

图6-7 用“梦想”定义产品

（2）为产品名称注入超热关键词。和推送包含热点的文章引流“曲线救国”不同，微店微商可以直接为自己的产品取一个带有超热关键词的名称，让消费者在搜索关键词时就能直接搜出微店产品，进而登录微店查看信息，大大增加微店的流量（见图 6-7）。

6.9 客服推荐很重要

想要打造出爆款，除了在店铺页面设置上花心思之外，还需要微店商家主动向消费者推荐。很多消费者在购物时倾向于同客服人员沟通产品的各项数据指标，希望获得更加详细精准的产品信息。这时客服就可以向消费者推荐店铺的热销产品，详细介绍产品的各种特色，以期最终引发消费者的购物热情。

（1）主动推送店铺热销产品信息。 微店客服人员可以主动向消费者推送店铺热销产品的信息（见图 6-8），以期引起消费者的关注，主动登录微店查看相关产品。这种推荐形式需要注意的是推送的频率要适度，不要过于频繁，否则可能引发消费者的反感。

图6-8 推送热销产品信息

（2）在消费者咨询时推荐产品。 在消费者主动联系微店客服进行沟通咨询的时候，微店客服可以在了解消费者需求的基础上，向消费者推荐最适合他们的产品。这时客服人员可以在不伤害消费者利益的前提下，多向消费者推荐一下店内的热卖商品，全面展示一下爆款产品在性价比、质量、特色等方面的优势。从而起到一种引导作用，使消费者将关注的重点锁定在店内的热销产品上。

第 7 章

有效沟通，如何说客户才会买

做买卖离不开沟通，只有在买卖双方充分沟通、交流顺畅的基础上，交易才能达成。更为重要的是，顺畅有效的沟通会让商家和消费者之间建立起情感，在此基础上，商家会很容易在消费者群体中获得“信任背书”，培养出“回头客”，继而快速提升微店人气，树立口碑。

7.1 与对方说话首先要用礼貌博得好感

开设微店，除了拥有好产品之外，有效和客户沟通，说好话，说对话，也是生意成功的重要一环。其实开微店和开设实体店在和客户沟通上有着很大的相似性：实体店和客户面对面地沟通，需要详细地向客户介绍产品信息、回答客户的各种疑问；微店在和客户沟通的时候，虽然缺少“面对面”这个环节，但也需要详细地向客户介绍各种产品的性能和特点，回答客户的疑问。而使用礼貌用语则是沟通成功与否的一个重要因素，沟通开始前的温馨问候，往往会如春风般温暖客户的内心，给你在客户心中的第一印象增分。

纵观那些生意成功的微商，无一不是彬彬有礼的绅士，他们在和客户沟通的时候，善于运用礼貌用语，特别是在对话开始的时候，简单的“您好”“请问”之类的词语，让他们在客户内心中的形象一下子变得亲切起来。心理学研究认为，对话开始时的礼貌用语便显出一方对另一方的善意和尊敬，能够让另一方因为被尊重而愉悦和自豪，继而对使用礼貌用语的一方回报更大的好感和善意。

所以，当你和客户进行沟通的时候，不妨多用一些礼貌用语，这样你会在第一时间展示出“绅士”形象，留给客户良好的第一印象，继而为之后展开的沟通营造一种好的氛围，提升客户买单的概率。

7.1.1 开门欢迎，结束感谢

正所谓“伸手不打笑脸人”，微商在经营过程中，免不了和客户通过各种通信平台进行沟通交流。很多微商一直都有这样的困惑：自己在和客户沟通的时候，将产品的性能和特色都说得明明白白，为什么很多人到最终还是没有下单呢？其实这个问题很好解答，有这类困惑的微商虽然在沟通的中间环节做得很好，却忽略了沟通的开始和结尾部分：开始的欢迎让人愉悦，结束的感谢让人倍感温馨。做好这两点，有时候会让你收到意想不到的沟通效果。

（1）沟通开始说一声“您好”。良好的沟通需要从一开始就做好铺垫，营造亲切的氛围，拉近彼此间的关系，这样沟通才会更加顺畅，客户顺利买单的概率才会提高。

微微开着一家经营化妆品的微店，经常有客户通过QQ联系她，询问一些化妆品的具体信息和使用效果。每次，微微都会用礼貌用语做“先锋”，假如是早晨，她便会说“早上好”，而下午和晚上，则习惯用“您好”开头。这样一来，虽然只是简单的几个字，却让客户在第一时间里感受到了亲切和尊重，进而对她产生一丝好感。有了这丝好感的“帮助”，微微和客户接下来的谈话就亲切了不少，顺利了很多，在很大程度上“鼓励”了客户下单（见图7-1）。

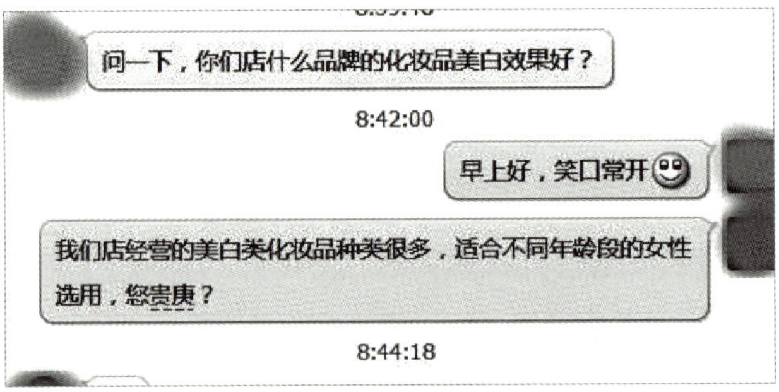

图7-1　微微的沟通开场白

（2）沟通结束前说一声“谢谢”“辛苦了”。沟通开始时的礼貌用语能够让人感受到被尊重，提升别人对你的第一印象，而沟通结束时的感谢用语则会进一步巩固你的形象，提升客户对你的好感，运用得当，会在很大程度上促成交易。微商必须要明白的一点是，精神上的感召力往往会展现出巨大的能量，也许你最后简简单单的一句“谢谢”，会让原本放弃下单的客户“回头”，成为你的常客。

微微在和客户沟通的时候，不仅善于在开始时说“您好”，而且在结束时也经常使用感谢性的礼貌用语，诸如“谢谢光顾”“辛苦了”，这些感谢类的话会让客户觉得内心一热，觉得微微人很有礼貌，感觉很温暖，这样的人所开的微店一定也不会差，所以很多人都选择了立即下单（见图7-2）。

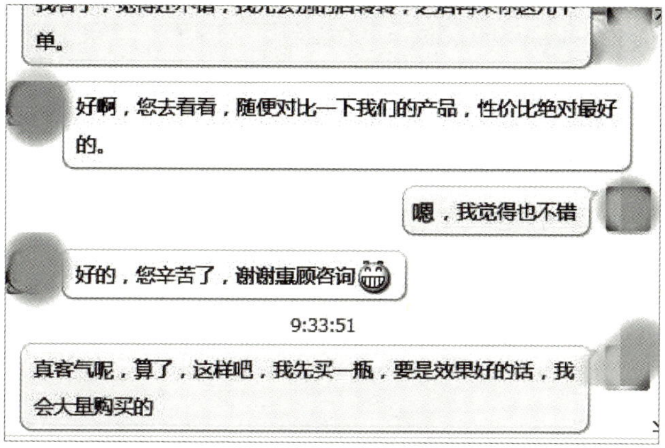

图7-2　微微的沟通结束语

7.1.2　多用敬语，让对方感受到被尊重

开设微店，免不了和消费者打交道，每个微商都希望被消费者认为自己是一个举止得体、值得信任的人。想要做到这一点，就必须在沟通交流中多使用敬语，这样会让对方感受到被尊重，继而更乐于同你交流，最终促成交易。

（1）多使用“您”。仔细观察一下身边，绝大多数人在沟通的时候都不会使用“您”，即使对方的年纪远远大于另一方。在这样的社会交流大背景下，假如你能“逆潮流而动”，善于运用“您”来称呼对方，那么习惯了被称为“你”的客户一定会感受到来自你的尊敬，继而给对你的印象加分，为成功达成交易奠定良好的情感氛围。

由美是一个沟通高手，特别善于通过对话让消费者打消最初的疑虑，下定决心购买产品。其实她的秘籍很简单，就是用“您”替代“你”，充分表达出自己的尊敬，让消费者觉得自己真正成了“上帝”（见图 7-3）。有了这种被尊敬感，消费者在产品质量差不多的前提下，通常会选择在由美的微店下单。

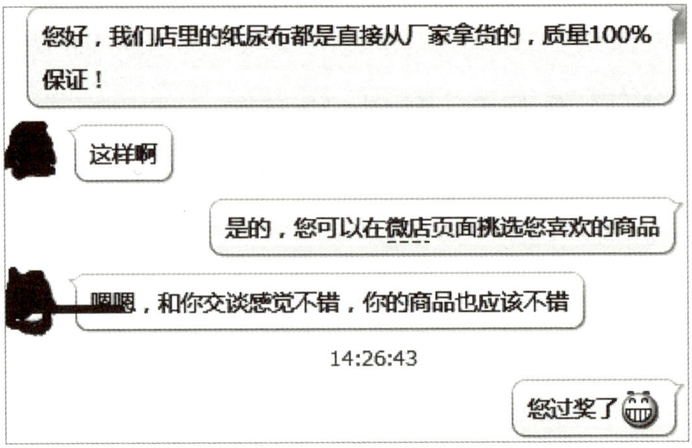

图7-3　由美在同客户沟通时用“您”凸显尊重

（2）交谈中要特别留意对方的长辈。很多时候，消费者会为自己的长辈购买产品，由于他们不确定长辈是否会喜欢这种产品，所以在沟通的时候表现得会相对谨慎。假如你在沟通中表现出对对方长辈的尊敬之意，则能在很大程度上拉近彼此间的情感，获得客户的好感，继而“鼓励”对方下单购买你的产品。

王乐在宁夏银川经营着一家销售枸杞产品的微店，6 月中旬枸杞进入采摘期，咨询的客户络绎不绝。有位客户想为自己的父母购买一些鲜枸杞，用来养生保健。由于鲜枸杞对物流水平要求比较高，客户对产品能否保鲜顾虑重重。王乐在沟通中详细地向客户讲解了各种保鲜措施，而且称呼对方父母为“伯父”“伯母”，进行情感攻势，让客户觉得很受尊敬，最终促成了对方下单（见图 7-4）。

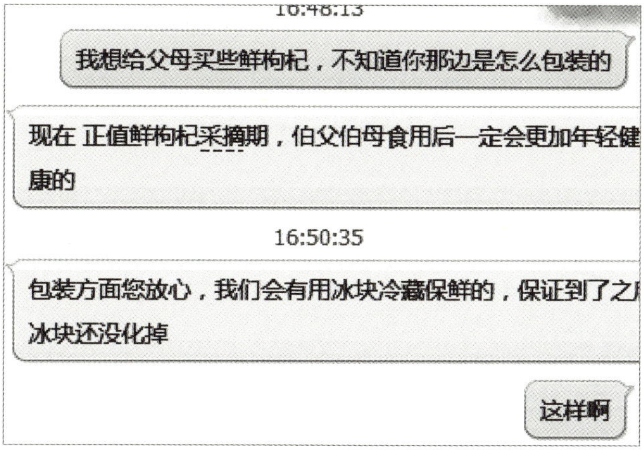

图7-4　王乐的敬语发挥了很大作用

总之，在和客户交际的过程中，你需要多使用敬语才能让客户感受到被尊敬，才能快速地拉近彼此情感上的距离，为之后顺利地成交奠定良好的基础。

7.2　语气调皮一点更有魅力

作为微商，在和消费者交流沟通的时候，语气不妨更加调皮一点。虽然严谨的语气会让人觉得比较正规，但是假如微商在和消费者交流的时候语气过于严谨，就会显得比较呆板，缺乏吸引力，势必会让消费者对微店商品的各种信息失去兴趣。如此一来，产品再好，微店中的产品也不会热卖。

相反，假如你在和消费者沟通的时候，在语气上做一些文章，让语言文字显得更加调皮，那么你在消费者眼中就变得更有亲和力。最重要的是，调皮的文字和语言会给你蒙上一层魅力面纱，让你看起来更加阳光，富有吸引力，吸引消费者更积极地和你进行互动。

7.2.1 合理利用萌语

不管是生活还是工作中，当你和一个语气萌萌的人对话时，总会内心充满愉悦感。萌萌的语气为什么会有这样的效果呢？从心理学上看，萌萌的语气有示弱的效果，等于告诉别人你没有任何威胁。另外萌萌的语气还能拉近彼此在心理上的距离，告诉别人你愿意对他敞开心扉，现在的人都比较孤单，有个人开开玩笑，一起愉悦地谈天说地，是很难得的事情。正是出于这样的心理因素，人们普遍对萌语没有什么免疫力。对微商而言，假如能够在和客户沟通的过程中多使用一些萌语，就会在很大程度上让客户内心愉悦，促成交易。

（1）萌在细节上。微商在和客户交流时，需要在细节上做文章，这样才能彰显出语气上的“萌”，继而吸引住对方。所谓的细节，就是可以在句子的结尾多用一些“啦”“哦”“嗯”之类的语气词，这样整个言语也就带有“萌”气了，令人情不自禁地被吸引。

陈晓开了一家服装微店，主要经营各个年龄段的女士畅销服装，生意一直不错。之所以能够一直红火，除了产品质量优良、时尚外，他在和客户沟通过程中还坚持走“萌”路线，特别善于在细节上体现自己的萌，用“啦”“哦”之类的语气词吸引客户（见图 7-5）。

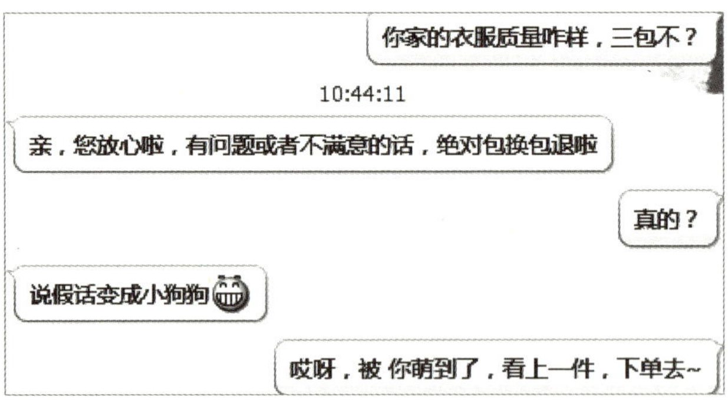

图7-5 陈晓“萌”到了细节中

（2）利用环境创造萌语。对微商来说，想要让自己的语言尽量萌，除了在细节上做文章外，还可以利用周围的环境，创造萌语。比如时间、地点等因素，都可以作为萌语诞生的土壤，只要你善加利用，便能产生逗趣的效果，给客户带来愉悦，促使对方爽快下单。

有一天晚上快 11 点的时候，一位客户在 QQ 上联系陈晓，询问产品的具体信息。陈晓非常详细地回答了客户提出的各个问题，断断续续沟通到 11:40，客户还是没有下定决心购买。陈晓便说了一句："亲，不要再犹豫了，我已经闭好一只眼睛了，就等你下单说晚安闭另外一只啦！"萌而幽默的语气引得客户持续发了几个"哈哈"的表情，并立即下单（见图 7-6）。

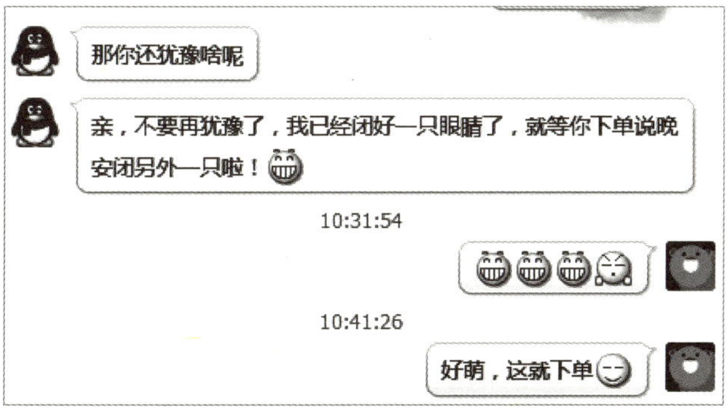

图7-6 利用时间创造出的萌语

7.2.2 表情丰富一些

很多微商在潜意识中总会有这样的认知：微商和客户之间的沟通大多都是通过电话和各种实时通信软件，诸如 QQ、微信等实现的，只要在语言和文字上下功夫，就能和消费者打好交道，获得订单。这种想法看似合理，其实有相当的片面性，虽然微商和消费者之间的交流绝大多数不需要面对面，但是丰富的表情依然是不可或缺的元素。对微商来说，表情丰富一些，能够在一定意义上增加文字的形象化，拉近和消费者间的距离，增强说服力。

（1）表情是形象化的文字。微商必须意识到的一点是，表情在沟通中并非可有可无的“鸡肋”，它所代表的其实是一种更加形象化、趣味性的文字。假如微商能够在同客户沟通过程中巧妙地运用，则能发挥面对面谈话中的“表情”功能，快速地拉近彼此间的心灵距离，增强沟通的文字效果。

（2）善于发掘表情栏。作为微商和消费者联系主要通道的各种沟通平台，诸如腾讯 QQ、微信、旺旺等，都带有表情栏（见图 7-7）。微商在和消费者沟通的过程中，可以根据实际沟通需要，在文字中穿插表情，代表当前的表情，展示内心的真实情绪。

图7-7 腾讯QQ输入框上的“笑脸”表情栏

（3）下载动态表情。腾讯、微信等沟通软件自带的表情栏中的各种表情大都是静态的，有时候并不能完美地展示你的情绪波动。这个时候你可以下载一些动态的表情图（见图 7-8），不仅能够活跃气氛，而且还能更加精准地定位情绪，活跃气氛。

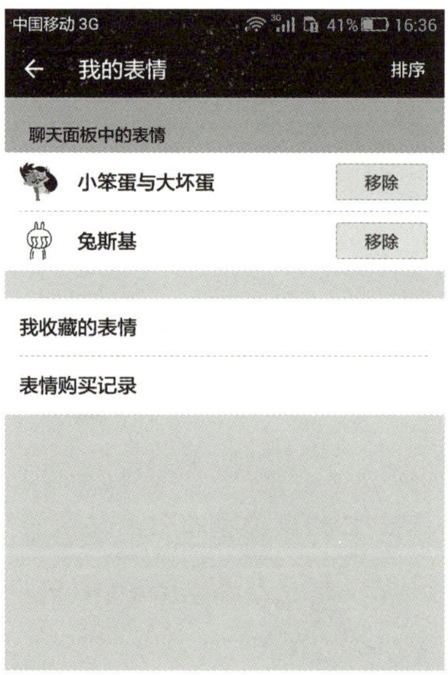

图7-8 微信可以下载多种动态表情

7.2.3 杜绝严肃死板

日常沟通交流中，假如你对面的人语气严肃，表情声调呆板乏味，那么相信你在整个沟通过程中肯定不会获得什么愉悦感，甚至不想再继续下去。由此可见，严肃呆板是沟通交流的天敌，不仅严重影响沟通的气氛，还会使得沟通交流的效果大打折扣。所以对微商来说，在同消费者进行沟通交流的时候，要尽量避免严肃和死板，只有搞活气氛、灵活应变，才能最大限度地提升沟通效果，最大限度地促成交易。

（1）语言要活泼阳光。严肃的语言总会给人一种无形的压抑和呆板感，会让人内心越来越沉重，继而对整个对话都失去兴趣。而微商和消费者进行沟通的最大目的就是要通过对话打消客户的疑虑，促使他们下决定下单。想要达到这个效果，微商就必须让自己的言语尽量避免严肃死板，保持活泼欢快和阳光，这样才能“感染”消费者，让他们内心也变得积极阳光起来，继而下定决心购买你的产品。

（2）善用幽默，活跃气氛。不管是线上还是线下，幽默的语言总能令人心情愉悦，让人忍不住哈哈大笑。可以想象一下，在这样的心态下做一些事情，最终的效果一定不会太差。所以在线上同消费者沟通的过程中，不妨使用一些幽默的语句，营造愉悦的氛围，这样才能让消费者身心快乐、乐于下单。

（3）讨论一些热门话题。好奇是每个人的天性，一个新话题出现后，总是能够成为大家关注的焦点，被大家热议很久。所以微商在同消费者沟通交流时，在交流产品信息的间隙，不妨讨论一些热门的话题，以很好地活跃沟通气氛，避免严肃呆板。需要注意的是，微商一定要控制住场面，不要让气氛活跃过头，导致沟通本末倒置。

（4）适当妥协。商品虽然有标价，但并不是一成不变的。沟通交流中，消费者往往会在产品价格上纠结，觉得价格有点贵。这个时候你可以适当降低一些价格，做一些妥协，这样沟通的氛围会立即变得轻松，甚至有消费者会在此基础上增加产品的购买数量。

7.3　对不同客户，说话语气也要不同

俗话说“看人说话”，意思是在交流沟通时，要根据对象的不同，在内容、语气上有所区别，这样沟通的效果才会最佳。特别是对微商来说，在交流过程中需要面对大量的消费者，各种年龄段、各种性格类型的人都有，假如自己的沟通语气“始终如一”，一成不变，那么在和一部分消费者进行沟通时肯定会“水土不服”，影响最终的沟通效果。

可见沟通也是一门大学问，见什么人说什么话，特别是在语气上区别对待，微商才能更好地将信息传递给消费者，最大限度地提升微店在消费者心中的形象，促成产品交易。那么具体而言，在面对不同类型的消费者时，微商在说话语气上要怎么“应变”呢?

7.3.1　沉默型客户

在众多消费者群体中存在着这么一类人:他们在沟通的时候话不多，问题比较少，往往是你说五句话他才答一句。这类消费者显然属于沉默型客户，他们虽然言语不多，但是并不代表着他们消费意图不强烈。只要微商能够在语气上做出有针对性地改进，就能引发沉默型客户的积极回应，活跃气氛，拿下订单。

（1）开放式提问。假如微商在沟通中遇到了沉默型消费者，那么最有效的沟通方式是将自己的语气变成疑问式，多提一些开放式的问题，诸如“您贵庚?”“您觉得这件商品怎么样?”“您想要什么样的产品?”之类的语气,引导对方回答。这样一来，你的提问语气就会起到一个“督促”对方说话的作用，提升对方说话的欲望。微商在和沉默型客户沟通的时候，切记不要夸夸其谈，自说自话，这样会让对方觉得更加无话可说，继而导致沟通失败。

（2）互动语气。微商在和沉默型消费者沟通时，要多说一些互动语气的话，比如“您觉得我说的话有没有道理”“您的看法是什么”之类的话，用征询语气和对方互动，

为整个沟通暖场。互动性语气的神奇之处就在于，它让整个沟通不再是一个人的独角戏，而是双方都乐于参加的“话剧”。

（3）关心语气。一个人之所以选择沉默，是因为他们缺少关爱，对自己信心不足。所以微商在同这类人沟通交流的时候，不妨多使用一些关心性语气，比如“您吃饭了吗”“不管什么时候都要照顾好自己哦”这类的话语，会让对方感受到浓浓的关爱之情，温暖对方的心灵。在此基础上，对方才会更加积极地回应你的问话，更乐于下单购买你的产品。

（4）好奇语气。相对于关心语气，好奇语气也有激发对方诉说欲望的效果。比如在沟通中，对方想要购买健身器材，你就可以问这样的问题：“您一天跑多少千米？”“俯卧撑能做几个？”这类问题充满了好奇心，也切中对方的兴趣点，能激发对方的诉说欲望。

7.3.2 活泼型客户

相对于沉默型客户，活泼型客户则比较好沟通。活泼型客户天生就懂得寻找生活的乐趣，他们性格开朗，直率豁达，乐于接受新事物，具有很强的创造力。他们看上去永远都那么好奇，就像长不大的孩子，喜欢探索一个又一个“为什么”，但是这并不等于和这类消费者沟通的时候就无所顾忌了，语气用得不好，同样也会产生负面效果。那么在和活泼型客户沟通的时候，你的文字和语言需要带有什么样的语气呢？

（1）耐心语气。性格活泼的人一般而言都比较缺乏耐心，注意力不怎么集中，不能很好地跟进事情。这类人说话的时候一般不会三思，比较情绪化，所以比较容易给人留下一种无常的形象。另外他们因为说得比较多，不注意倾听对方的言语，爱抢着回答对方的问题，所以说出来的话显得缺少条理性。基于上面这几点，微商在同这类消费者沟通的时候，就特别需要有耐心，多使用一些耐心语气浓厚的句子，诸如“你能详细说明一下吗”“哦，你说说看”“不错，不错”之类的话，会让对方感到亲近、被尊敬，这样一来对方必然会更乐于同你沟通。

（2）顺应对方的思维，拿出具体的意见。性格活泼的人，说起话来思维比较跳跃，缺乏必要的条理性，有时候虽然话说了很多，但是却不能将自己的观点表达明白。这个时候，微商需要顺应他们的思维惯性，承接话语，做出方法性或者总结性的回答。比如对方想要购买衣服，一会儿说要出席活动穿，一会儿又强调休闲，这个时候你就可以给对方推荐一款商务和休闲兼顾的服装。

7.3.3 怀疑型客户

怀疑型客户对待事物和人总会潜意识地怀有一种不信任感，总是想将所有的问题都弄清楚，让自己明明白白。这类客户之所以处处怀疑，归根结底还是在于他们胆小、害怕、猜疑、悲观的性格。和这类客户沟通交流的时候，需要什么样的语气呢？

（1）坚定沉稳的语气。怀疑型客户在看待微店产品时，总会从产品的某些细节处入手，发掘微小的“不足”，继而上升到对整个产品质量的怀疑。这个时候微商一定要坚持自己的观点，多用沉稳坚定的语气回答对方的疑问。从心理学上看，坚定沉稳的语气可以“传染”给周围的人，让原本怀疑的人慢慢沉静下来，最终打消疑虑。

（2）淡然的语气。面对怀疑型客户提出的各种疑问，微商最好不要针锋相对，要学会淡然面对，心平气和地回答问题。只要你心怀淡然，有理有据地回答消费者的每一个问题，解除他们内心中的疑惑，那么他们自然也就不再纠结什么了，最终下单的概率就会变大。

（3）自信的语气。别人可以怀疑你的产品，但是你自己绝对不能怀疑。和怀疑型客户沟通的时候，微商应该多使用自信语气，传递一种“我的产品绝对没问题”“我的服务绝对优秀”的信念。这样一来，消费者从字里行间就会感受到你内心的坚定、自信，降低疑虑，最终相信你和你的产品。

（4）反问语气。面对怀疑型客户提出的诸多疑问，你也可以用反问的语气做答，将对方踢过来的“球”再踢回去，有助于对方进行反思。比如对方对产品质量有疑问：“你的产品质量是不是有问题？”你可以反问：“您从什么地方看出产品质量存在问题呢？”这样的反问会让对方反思理由，继而变得理智起来。当然反问语气绝对不是“针尖对麦芒”，微商在使用的时候需要根据具体的问题掌握好“度”，避免过度刺激对方。

7.3.4 挑刺型客户

在诸多类型的客户中，挑刺型客户无疑是最令人烦恼的。这类客户属于完美主义者，对待任何东西总是习惯用完美的眼光看待，将目光落在细微处，寻找不足的地方。他们在购物的时候习惯提出各种各样的问题，揭露产品的种种不尽如人意之处，所以很多微商在遇到这类客户时会显得手足无措，不知道怎么应对。其实面对这类挑刺型客户时，只要在语气上做好功课，那么拿下订单的希望还是很大的。

（1）诚实平静的语气。挑刺型客户在挑选产品的时候，会习惯性地将目光聚焦在产品的不足之处，他们通常会对产品“深挖”“细品”，挑出产品诸多细节上的“缺点”。这个时候，你的语气要平静、诚实，心平气和地回答客户的质疑，对于客户质疑错的地方平静地解释，对于客户质疑对的地方，诚实地承认不足。比如客户挑剔微店服装的颜色太“土”，你可以这样回答：“我们店服装总体颜色是有些‘土’，总体偏于暗色调，但是暗色调更能衬托女性的美和气质，它不是鲜花而是绿叶，不是夺人的光环，而是衬托人的靓丽。”面对如此诚实而又平静的语气，再挑剔的人也会反思一下，重新审视产品。

（2）协商的语气。挑剔的客户在性格上一般都比较强势，所以在沟通中，假如对方提出某些问题，挑剔产品存在的“问题”，微商最好不要“针尖对麦芒”，进行反驳，那样只会激化矛盾，丢失客户。微商可以使用协商的语气，退而求其次，顺着客户的话说下去，这样就能在很大程度上抵消客户的“挑刺”惯性。

比如客户觉得你所销售的枸杞有问题，不正宗。你可以这样说：“亲，我的产品不正宗的话，那么宁夏出产好枸杞的名声岂不是也不正宗了？您要是不相信的话，我可以发一些原产的采摘枸杞的相片。”如此一来，以退为进，有理有据，对方的挑剔疑惑也就因为失去根据不攻自破了。

7.4 养成主动开口的说话习惯

微商和消费者进行沟通，交流产品信息，想要让客户顺利下单，就必须积极出击，养成主动开口说话的习惯。微商必须了解的一点是：生意场上从来不会“天上掉馅饼”，你不主动开口去争取，客户就不会迅速下单。那么在和客户沟通过程中，微商需要从哪些方面主动说话呢？

（1）主动问候。在沟通开始时，微商要在第一时间内问候对方，展示出自己有礼貌、好客的绅士形象。很多时候，在消费者开口说话之前的一句“您好”，看似简单，却能深深地打动消费者，拉近彼此心灵间的情感距离，为之后的沟通奠定良好的情感基础。问候的词语很多，诸如“您好”“早上好”“中午好”“下午好”等。

（2）主动关心对方。现今社会，生活和工作节奏变得越来越快，导致人和人之间的关系变得越来越冷漠，缺少必要的关心和暖意，使得人们的内心普遍孤单。假如你能够在和客户沟通开始后主动地关心一下对方，传递正能量，温暖对方的内心，那么对方在感受到你的善意和关心后，也会积极地回应，用善意和关心回应你。这样一来，整个沟通就变得温馨起来，你实现目的的概率也就变高了。

（3）主动聊兴趣爱好、生活和工作。当微商和消费者沟通中遇到某些问题谈不拢的时候，可以暂时转移一下话题，主动聊一些兴趣爱好、生活、工作方面的话题。比如你可以问：“亲，您喜欢瑜伽么？经常做可以塑造出一个好身材呢！”假如对方回答“是”，那么你就可以和对方聊聊瑜伽，交流一下经验；假如对方回答“不”，你也可以普及一下瑜伽锻炼塑体的功效。

总之，在交流开始的时候你需要主动问候，在沟通中遇到问题的时候你需要主动转移话题。只有积极主动地和消费者进行互动，你才有可能打开对方的心门，引导对方更加深入地了解你微店的产品。

7.5 别上来就提产品

“互联网 +”时代，广告无孔不入，有时候已经严重影响到了人们的生活。所以人人都讨厌广告，讨厌那些一上来就推销产品的人。同样的道理，假如消费者不首先提及产品的话，微商最好别上来就提及产品，否则会有做广告的嫌疑，引发消费者的不满，甚至会让消费者产生厌恶情绪。那么微商不提及产品，要和消费者交流哪些方面的话语呢？

（1）谈感情、卖人品、卖故事，而不是卖产品。微商想要在同消费者的交流沟通中获得良好的个人形象，在沟通内容上首先要有所创新，在开始的时候应该最大限度地抹掉广告色彩。一言以蔽之，就是微商在同消费者沟通交流时，需要突出“人”的特点，而不要紧紧抓住“商”不放。

所以，智慧的微商在用微信和消费者交流的时候，最初所发的内容大多和广告绝缘，谈论的往往是消费者比较关注的方面，比如情感、人生经历、工作体验、旅游经验等。他们相对于别人也更加乐于帮助别人，更乐于通过沟通展示自身的个人魅力。交流的时间长了，消费者便会对他们的人品竖起大拇指，钦佩他们的人生经历，如此一来，不用做什么广告，别人自然会购买他们的产品。

（2）懂得分享。微商在和消费者交流的时候，要特别注意在分享上下功夫。很多时候，你可以和对方分享一下你的生活和工作相关的经历。比如你的微店经营蜂蜜，那么你不需要向消费者发“这个蜂蜜怎么好、值多少钱”之类的内容，你可以发一下蜂箱的样子，采摘蜂蜜的过程照片，还可以发一些蜂蜜养生保健方面的内容，这些都是由产品延伸出去的一种分享，让消费者看了之后找不出什么广告的嫌疑，看起来很自然，很轻松，但是却实实在在地宣传了你的产品。

7.6 聊天中自然带入产品

既然一开始做广告不是好方法，那么微商在同消费者沟通交流时，怎么才能不动声色地带入自己的产品信息，让消费者在不知不觉中了解微店呢？其实微商只要做到自然就好，正所谓水到渠成，和消费者在前期做好沟通，搞好氛围，之后你只要方法得当，便能够自然地带入产品信息，就如同细雨一般，润物无声。那么在具体的聊天中，微商要怎样做才能在介绍产品时让人听起来更加自然呢？

（1）用和产品相关的话题暖场。虽然在消费者不首先提出产品的时候，微商应该尽力避免一开始就提产品，但是可以和消费者谈一些和产品有联系的话题进行暖场，为之后自然地引入产品做铺垫。比如你经营着一家化妆品微店，那么在和消费者沟通的时候，你就可以和他们聊一聊美容方面的知识，哪位明星拥有不老容颜，他们的保养秘诀是什么，普通人应该怎么做等。这些话题虽然表面上看起来和你所销售的产品没有什么关系，却和化妆品有着潜在的联系：美容保养都离不开化妆品。这样一来，前期的美容话题就会为之后自然地引入产品信息铺垫良好的氛围。

（2）模糊权属，力求自然。有相关话题的暖场，微商在带入微店产品时就会顺利很多。但是这并不意味着你在讲述产品时可以随意，想怎么讲述就怎么讲述。微商需要注意的一点是，你在提到产品信息时一定要自然，模糊产品的权属，不留痕迹，少用“我店里……”之类的表明产品权属的句子，不然就会有推销之嫌，让消费者心生警惕。比如你想让消费者购买你的化妆品，前面已经和消费者聊了很多美容方面的知识，做好了相关知识的普及，这个时候就可以很自然地向消费者推荐一款产品，你可以说：“某某品牌的美白霜不错，很值得试一试。”但是不能这么说：“我们店里的某某品牌美白霜不错，很值得你试一试。”前一种说法模糊了美白霜的权属，很自然地让消费者接受你的推荐，而后一种说法则有意无意地向消费者强调了化妆品的权属，很容易引起消费者的警惕。

7.7 给对方讲与产品有关的故事

在和消费者进行沟通的时候，微商可以给对方讲述一下自己所经营产品品牌的故事，用产品品牌历史故事来打动消费者未尝不是一个有效的方法。一个优美浪漫或者充满传奇色彩的故事，总会引人遐思，使得消费者对企业和产品有一个更加深入的认知。正所谓爱屋及乌，好故事会让消费者更加热爱产品，最终下单购买。

（1）以传奇故事培养客户品牌忠诚度。 历史往往带有神秘色彩，在一个产品品牌诞生和发展的过程中，必定会存在着很多故事，它们或波澜起伏，或惊心动魄……假如微商能够在同消费者沟通交流过程中展现出产品品牌自身的历史故事，揭示它们的神秘色彩，就会对消费者产生强烈的吸引力。

王晨经营者一家皮鞋微店，主营意大利著名皮鞋品牌“法雷诺”。在和消费者沟通过程中，王晨不仅向客户介绍这款皮鞋精良的做工和新颖的款式、考究的用材，还经常向消费者讲述“法雷诺”品牌承载的充满神秘色彩的故事：公元 1189 年，罗马大军浩浩荡荡开往耶路撒冷，行至阿尔卑斯山附近时，遭遇到了恶劣的冰雪天气，很多士兵的脚被严寒冻伤了。罗马骑士法雷诺想出了一个带有神秘色彩的方法——他方士兵将随身携带的皮革裹在脚上，最终战胜了严寒，使得大军能够继续前进。正是基于这段带有传奇和神秘色彩的历史，“法雷诺”品牌也铭传久远，成为人们关注的焦点。这个故事总能深深地吸引消费者，让他们惊叹连连，最终很爽快地下单。

（2）以故事细节赢取关注。 对微商来说，给自己所经营的产品品牌融入故事才更能打动消费者，让大家觉得产品更亲切，更有认同感。那么微商怎么才能给自己所经营的产品品牌融入故事元素呢？其实方法很简单，微商可以结合品牌创立者的个人经历创造真实的故事，比如在品牌成长过程中经历过的竞争和挑战，为满足消费者而不断进行的创新和自我加压的故事，也可以融入合作伙伴、职员以及家庭的故事。总之只要你仔细梳理一下产品品牌的发展历程，就会发现其中有很多的真实故事可以挖掘出来，打动消费者。

（3）有特色故事的品牌才更有口碑。喜欢看书的人都有这样的感受：并不是所有的故事都能够吸引读者的目光，只有那些有特色、情节曲折的故事才能深深吸引读者的目光。同样的道理，微商想要用产品品牌故事打动消费者，就必须让自己讲述的故事带有特色，这样才能让品牌别具一格，深深吸引消费者，最终在他们内心深处烙下不可磨灭的印象。

7.8 交易不成做朋友

微商和消费者进行沟通和交流，不能将眼光仅仅限于一件或几件产品的交易上。在“互联网 +”时代，微商想要在竞争激烈的信息大潮中立足，获取信息红利，就必须牢牢抓住粉丝，交更多的朋友。正所谓“生意不成做朋友”，朋友越多，代表着你的微店可能被推荐的次数越多，口碑树立的速度越快。

（1）多拉拉家常，谈谈心。很多微商错误地认为和消费者交流只是一个产品推广的途径，只要告诉消费者一些广告和产品信息就可以了。这种想法的错误之处在于：它违背了沟通的本质，忽视了良好的人际关系对营销的重要性。要知道，在很多时候，你的产品相对于别人出售的同类产品在质量上并没有多少优势，想要让人购买你的产品，人际关系是一个重要的因素。假如你和消费者之间的关系维护得好，那么同等产品质量前提下，人们就会优先购买你的产品；相反，假如和消费者之间的关系比较冷淡，平时连话也不说几句，那么别人又有什么理由主动购买你的产品呢？

（2）从小事上关心朋友圈中的每个人。一个客户开车去微商小吴那儿拿货，拿完货后，汽车抛锚了，客户很着急。小吴当时看到了这一幕，却不闻不问，表现得非常冷漠。不走运的是，天降大雨，小吴依旧无动于衷，一把伞也没拿出来。从那以后，那位客户再也没有订购小吴微店的产品，甚至不在微信上回复小吴的问好，不接小吴的电话。

小吴在客户遇到困难时冷漠以对，丝毫没有将客户当成知心朋友，表现出应有的关心和帮助，确实很让客户失望、冷心。如果你是那位客户，相信你也不可能继续与小吴合作，购买他的产品。

（3）抓住解决问题的机会，给客户以关心。有位销售电子产品的微商接到一位客户的电话，对方说电视机画面不清楚，问他能不能帮助修理一下。虽然对方出问题的电视机并不是从他那儿购买的，但是他还是一口答应了下来。去的时候，还带着一台新电视，他对那位消费者说："我要把你的电视带回去修，为了不影响你家人看电视，我给你们带来一台新电视，在我修理电视期间，你们可以看这台新电视。"

在修理电视的几天时间里，客户一家人已经深深爱上了那台新电视。再加上他表现出来的关心之情，最终那位消费者决定将新电视机买下。

在这个案例中，这位微商对消费者表现出的关心和照顾，无形中影响了对方对产品的认知，使得他顺利推销了产品。微商必须牢记的一句话是：照顾了别人需求，也是在照顾你自己的生意，关心客户，其实就是在关心自己。

第 8 章

文案策划，有产品更要有内容

在很多微店商家眼中，文案是一道绕不过去的坎，好的文案不仅会让消费者更清晰地了解商品，快速地接纳商品，还能拉近消费者和商家心灵上的距离，帮助商家集聚起大量的粉丝，获得粉丝红利。所以微店想要发展壮大，店主就要熟练掌握一些文案策划技巧，做到有产品更要有内容，力求将文案打造成吸引消费者的“磁铁”。

8.1　卖产品先要卖文案

微店盈利依赖产品热销，而产品能否热销，一要看其本身的质量、特色、性价比等内在“功力”；二要看介绍产品的文案是否出色，有亮点。假如产品是微店商家待嫁闺中的“女儿”，那么好的文案则是让“女儿”愈发靓丽的“化妆品”。这样看来，买产品前就需要先卖文案，文案有亮点，能吸引人，产品才能“嫁个”好人家。

（1）提炼产品的核心卖点。在“互联网 +”时代，各种信息随时可以查阅，消费者变得越来越聪明，仅仅依靠一句漂亮的广告语就能卖出产品的时代已经一去不复返了。消费者在购买某种产品前会仔细地阅读产品的特性，搜索、对比和评测。在这样的大背景下，微店商家在产品文案上就需要花心思，提炼出产品的核心卖点，让消费者一眼就能明了产品的优点和特色，这样的文案才能吸引消费者仔细地阅读（见图 8-1）。

图8-1　小米商城文案非常有特色

（2）表格能够让消费者更真实地认知产品。很多微店商家觉得产品文案就是文字，只要在文字上下功夫，就能让消费者了解产品，喜欢上产品。其实不然，相对于文字而言，表格更能让消费者直观地了解产品的各项性能和特色，让消费者对产品的认知更进一步。所以微商在撰写文案的时候，要善于运用表格，将产品特色直观地展示在消费者眼前（见图 8-2）。

（3）图文并茂。微店商家在撰写文案的时候，千万不要忽视图案的作用。从心理学上看，人们在阅读的时候更倾向于观看优美的图像。假如一篇文案缺少图案的点缀，就会显得枯燥乏味，缺少吸引读者的亮点。所以想要打造一篇好的文案，微店商家必须重视图案的作用，在文案中多加入一些配图，让整篇文案生动形象起来，深深吸引消费者的眼球（见图 8-3）。

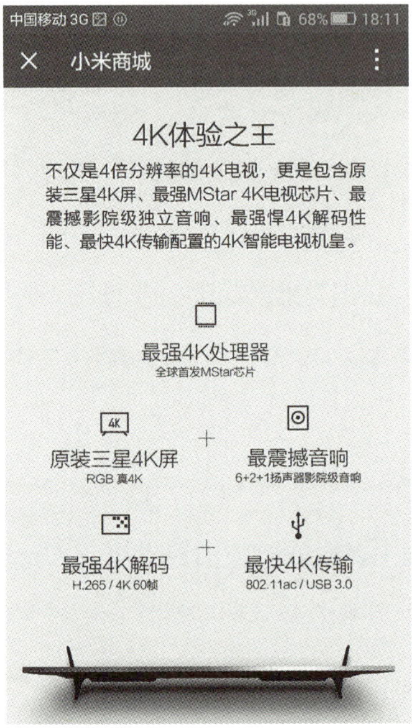

图8-2　表格性文案

图8-3　图文并茂的文案

8.1.1　产品有名字才会更丰富

哲人言：人有了名字才会彰显存在感。其实对产品而言，名字也是彰显本身存在感的重要组成部分。所以微店商家在撰写产品文案时首先要给产品想一个好名字，名字虽短却如绿叶，起得好，就能让消费者在阅读文案时眼前一亮，对产品越来越有好感。

（1）浪漫的情怀总能令人温暖。对产品而言，有一个浪漫的名字，会让自己在消费者眼中也带有浪漫的气息，勾起消费者内心蛰伏的浪漫情怀，引发消费者对产品个性和背后含义的进一步联想和发挥。如此一来，这些浪漫的产品名称就犹如靓丽的明珠，在消费者眼中熠熠生光，其对消费者的吸引力也就大大增强（见图 8-4）。

（2）富贵气息的名字总能引发人们的购买欲望。从心理学上看，人人都喜欢富贵的气息，喜欢占有价格昂贵的物品。在人们的潜意识中，总是认为价格越高的商品才越值得拥有。所以微商在撰写产品文案的时候，不妨针对产品的具体功能和特色，给产品起一个带有富贵气息的名字，这样可以很好地引发消费者的占有欲望，下单付款（见图 8-5）。

图8-4　浪漫气息浓厚的钻石名称

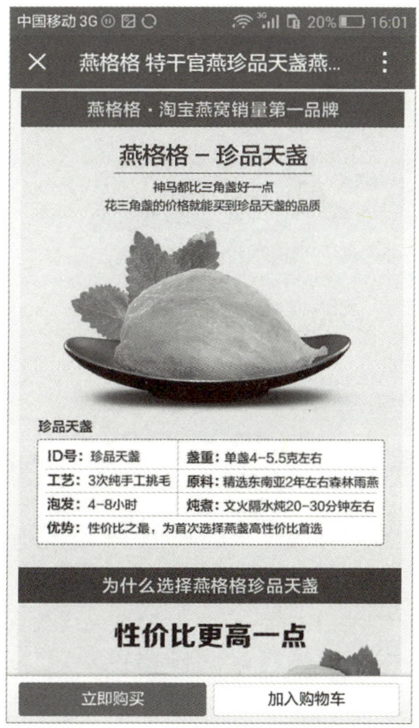

图8-5　充满富贵气息的商品名字

（3）联合冠名。有些产品之间因为功能相同，或者在某些方面存在着联系，对消费者而言属于可购买的成套产品，微店商家在策划文案的时候，可以将这些产品捆绑在一起，组成套餐，整体向消费者出售。这类套餐名称文案可以针对目标消费人群取一个号召力强的名称，调动消费者的消费情怀和购物欲望（见图 8-6）。

图8-6　组团取名

8.1.2　给产品加一个故事

人人都喜欢听故事，假如微店商家在撰写产品文案的时候能够“引入”一个故事，那么消费者在阅读的时候就会产生兴趣，继而津津有味地读下去。所以微店商家在撰写产品文案的时候，不妨给产品加上一个故事，利用故事的神秘性、趣味性来增强消费者的阅读体验，增加产品的人气。

（1）将历史和品牌、产品有效结合。历史往往带有神秘色彩，在一个产品品牌发展的过程中，必定会存在着很多故事，它们或波澜起伏，或惊心动魄……假如微店商家能够在这些真实历史基础上将一些话题加以“丰富”，就可以在文案中以讲述故事的形式介绍产品，使之带有一定的神秘色彩，对消费者产生更强烈的吸引力。

（2）挖掘产品自身的神秘色彩。很多微店商家总是在潜意识中忽视自家产品，觉得它们再普通不过了，没有什么神秘色彩。其实不然，任何一种产品都有着自己独特的一面，比如原材料、生产工序和过程、功效作用，等等。只要商家善于从这些方面仔细审视产品，再加以丰富，就能营造出带有神秘色彩的话题，在消费者群体中广为传播。

（3）结合自身经历创造真实故事。一个品牌的诞生，一个产品的出现，肯定饱含了创造者的无数心血。只要微店商家能够善加总结，细致挖掘，便能给品牌创立和产品销售掺加一些个人故事，将品牌和创始人的人格魅力融入在一起，产品便更容易成为大众的话题焦点。

（4）合作伙伴、职员及其家庭的故事。 附加在产品身上的故事，不仅仅限于店主，也可以汲取合作伙伴和职员身上的故事，比如他们坚决阻止不合格产品下生产线，或者为了产品质量日夜坚守在生产线上，或者严把进货质量关卡，全心全意做好服务，等等。这些故事只要好好挖掘，就能成功地融入产品中去，吸引消费者的关注。

8.2　创意文案让内容增色

对微店商家来说，卖产品之前需要将介绍产品的文案卖出去，消费者被文案吸引后才会对产品生出兴趣，继而产生购物的欲望。这个道理很多微店商家都明白，但是创作出来的文案却始终达不到吸引消费者眼球的效果。究其原因，还是在于文案千篇一律，大多缺少能够让消费者眼球一亮的“卖点”，而这些卖点的出现需要微店商家在创意上下功夫。

（1）用图片代替文字。 一提到文案，很多微店商家首先想到的是文字，优美的文句才会组成好的文字。其实在很多时候，一张好的图片，配上简单的文字说明，就能很好地表达出产品的特色，让消费者看到之后第一时间就明白产品好在什么地方（见图 8-7）。这样一来，一图当千言万语，让消费者直观地了解到了微店产品的优点，用创意换来了超高的人气，打造了爆款产品。

图8-7　好图片也是好文案

（2）让产品彰显情调。在介绍产品的时候，生硬、枯燥、公式化的文字介绍总会让人在读了第一句后就不想再继续读下去。微店商家应在介绍产品的时候加入创意性的文字，让整个文案看起来富有情调，让消费者觉得有意思，值得一读。

“小时候大人们总是用各种谎言骗我们，调皮会被警察叔叔抓，挑食会引来狼外婆。长大了开始明白大人们那些蹩脚的谎言其实都承载着深深的关心和爱……”这是曼曼de爱微店中的一款产品介绍文案。作为一家专注于美食的微店，其店中的每一款产品都有精美的文案做产品介绍，这样的文字让人记起了开心的小时候。而“曼曼de黄金巴松不说谎，因为看得见的品质和好味道，产地不会说谎、品质不会说谎、新鲜不会说谎”（见图8-8），看了这样的产品介绍，吃着曼曼家的零食，是不是觉得做一个“吃货”也很有情调？

图8-8　充满情调的文案

（3）亲情、友情、爱情，永不过时的创意。文案的创意不等于标新立异，摒弃所有传统的东西。微商必须明白的一点是，不管时代如何改变，亲情、友情、爱情等都不会过时，永远都具有扣人心弦的力量。所以文案在创新的时候，不妨多从这些角度出发，用家庭的温馨、爱情的纯真浪漫、友情的稳固如山来突出产品的特色，引发消费者阅读的兴趣，紧紧扣住消费者的心弦（见图 8-9）。

图8-9　彰显家庭温馨情怀的文案

8.3　一句话概述你的微店

微店需要有自己的特色和个性，才能吸引更多的消费者，拥有更高的人气。而这种特色和个性不能让消费者自己去总结，因为消费者往往是感性的，不会浪费时间去总结一家微店产品的共性和特色，他们往往需要微店商家告知后去慢慢体会，这就需要微店商家用简单的言语告诉消费者微店的特色和个性。

（1）概括言语要简单易懂，避免重复唠叨。一句话概述微店的特色和个性，是为了让消费者在第一时间明白微店的经营特色，了解自己能够在微店获得什么样的产品，享受什么样的服务。这样的属性要求商家的策划语力求简单，坚持易懂的原则，让消费者能够直观方便地了解微店的经营方向和产品特色，找到自己感兴趣的点，继而更加深入地了解微店。总之，微店商家的语言可以不华丽，但是必须简单易懂，概括出微店的经营特色（见图 8-10）。

图8-10　言简意赅的店面概括

（2）打造行业专家形象。对消费者而言，购物是一种感性的活动，商品的好坏，在第一时间的判断往往非常主观。基于此，消费者在潜意识里倾向于在专业性的微店购买产品，这就避免了因为感性而购入质量不合格产品的苦恼。所以微商不妨用一句话强调自己的专业形象，暗示消费者在店内购物尽可放心，绝对物有所值（见图 8-11）。

图8-11　彰显专业化的店面概括语

（3）彰显人文关怀，以情动人。从心理学上看，人是情感动物，容易被情感所打动。所以微店商家可以根据自己所经营的商品项目合理地彰显对消费者的人文关怀，用动情的言语为消费者勾勒出一个情感天空，借此拉近微店和消费者在心理上的距离，促使消费者在第一时间内喜欢上微店（见图 8-12）。

图8-12　充满人文关怀的店面概括语

8.4　推广文案需要策划技巧

微店在经营的过程中需要大量的产品推广文案，以此将产品的更多信息推送到消费者的眼前，提升产品的曝光度和关注度。可见推广文案在微店经营中占有重要位置，推广文案写得好，产品的曝光度就会随着提升，在消费者中的人气自然也会越来越高。所以微店商家必须了解推广文案的策划技巧，将文案做好做精，才能更好地提升微店的人气和产品的知名度。

8.4.1　标题要简单、有吸引力

一个文案好不好，首先要看文案的标题有没有吸引力。一个好的标题，能够让人在看了第一眼之后兴趣大增，迫不及待地点击，查看详细内容。很多微店商家没有认识到标题的作用，重视内容而轻视标题甚至无视标题，如此就造成这样一种结果：内容很有创意，但是点击量却寥寥无几，达不到预期效果。

（1）标题要简单。推广文案目的在于让消费者系统、全面地了解微店和产品，这一功能主要体现在文案的内容而不是标题上。假如微店商家在策划推广文案的时候本

末倒置，觉得标题越长越好，最好能够将内容的所有要点都概括出来，以至于所拟定的文案标题长而啰唆，人一看就失去了阅读兴趣。

（2）用疑问句做标题。疑问句做标题，能够引发人们的好奇心和回复欲望，吸引大众目光，细心地阅读具体内容。所以微店商家在策划推广文案的时候，可以多考虑用疑问句式作为文案的标题，激发起消费者的好奇心，增加文案的阅读量，提升产品的人气（见图 8–13）。

（3）哲理青春气息的标题吸人眼球。青春总是让人留念，哲理会让人深思，用青春哲理意味的词语做标题，能够勾起人们对青春的怀念、对生活的向往、对人生的反思。微店商家在撰写推广文案的时候,不妨在标题中多加入一些哲理、青春等引发冥想、反思或抒发胸臆的词语，以更好地吸引消费者的眼球（见图 8–14）。

图8–13　疑问句做标题的文案

图8–14　充满哲理青春气息的文案标题

（4）噱头更能激发人的好奇心。微店商家在策划推广文案的时候，为了能够最大限度地吸引消费者的注意，可以使用一些夸张性的词语和语气，制造噱头，引发大众的关注。这样的标题通常能够产生轰动效应，带来超高的点击量（见图 8-15）。

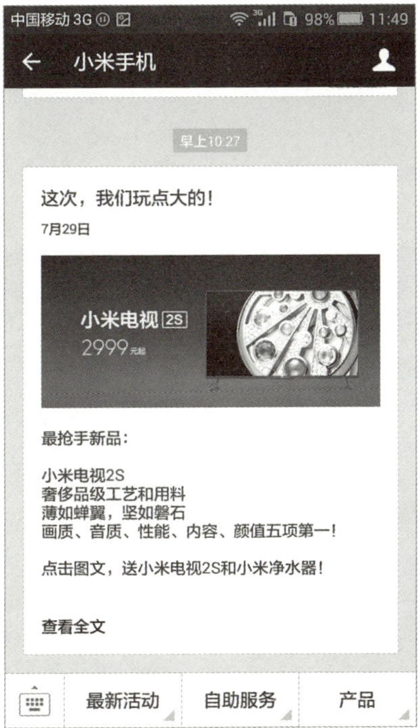

图8-15　有噱头的文案标题引发人们的好奇心

8.4.2　推广内容要有趣

推广文案除了要注重标题之外，还需要在内容上下功夫，标题做得再吸引人，如果内容毫无趣味性，枯燥乏味，也不会吸引消费者的眼球。所以微店商家在策划推广文案的时候，需要练好内功，在内容趣味性上做好文章，力求让消费者想读、爱读、期待读。

（1）快乐是最大的趣味。人人都喜欢有趣的话题，看有趣的文章，只有那些充满乐趣的东西才能最大限度地吸引消费者的关注，让人们更乐于和周围的人分享。快乐愉悦是最大的趣味，假如微店商家能够在推广文案中增加快乐愉悦的因子，那么就能最大限度地增加文案的趣味性，最大限度地吸引消费者，提升产品的人气和销量（见

图 8-16）。

（2）引人深思也是一种趣味。趣味性不一定非要开头大笑，也可以引发消费者对往昔生活的追忆，或者对现今生活方式的反思，或是对将来生活的美好憧憬，对一些问题的哲理性思考等。这类推广文案不一定要和产品有直接的联系，微店商家可以将这类文案背景设置成微店产品，让消费者在阅读的时候情不自禁地由文字想到产品，将文字的精华“联想”到产品身上（见图 8-17）。

图8-16　有趣的标题和文字

图8-17　引人深思的文案

（3）以梦想创造趣味。梦想总是能够引人遐思，令人向往，令人憧憬。假如微店商家在策划文案的时候能够为产品加入一些梦想的成分，那么消费者在阅读的时候就会产生趣味性，会更有热情探索这种梦想的成分，为之痴迷，为之疯狂。这样微店商家自然也就在消费者内心中树立起了良好的口碑，产品也会发展为爆款，大卖特卖是很自然的事情。所以，企业要善于在策划文案中为自己的产品涂上梦想的色彩，让文案读起来有趣，如此才能让产品成为消费者追求的“情人”。

8.4.3 内容要以用户为中心

微店商家在策划产品推广文案时，需要把握消费者的需求，以消费者为中心。如此，文案内容才会引发消费者关注，迅速聚集起人气。微店商家必须要意识到，推广文案最终还是为了让消费者认识产品，喜欢上产品，而以消费者为中心的文案内容更容易让消费者找到共鸣点，感同身受，实现这个目标。

那么微店商家要怎么做才能让策划文案彰显以消费者为中心的内容呢？

（1）关注消费者的需求。微店商家想要制作出以消费者为中心的文案话题内容，就必须关注消费者的需求，弄清楚什么才是消费者所需要的。比如消费者在选择手机时，是只需要基本的通话功能，还是需要一个展示身份、个性的符号，又或者有其他的目的？微店商家只有弄懂了这些，才能有针对性地策划文案内容，切中消费者的“痛点”，引起消费者的共鸣，从而吸引消费者更积极地关注文案，阅读文案，使得文案内容在更大范围内传播。

所以微店商家在策划推广文案时，必须迎合消费者的需求，从消费者最关心的角度下手，这样才能最大限度地扩展文案的生命力和影响力。更重要的是，对微店商家而言，只有弄明白消费者的需要是什么，才能未雨绸缪，提前规划好产品的推广方向，明确推广的方法，这样撰写出的推广文案才更容易让消费者接受和认同。

（2）懂得有的放矢。对微店商家而言，文案推广的最终目的就是满足消费者的消费需求，卖出产品，获得利润。一般而言，一种产品如缺少特色则很难获得消费者认同。现阶段，消费者的关注焦点早已经从功能性转移到个性化，对个性化的需求远远超过了对产品使用价值的需求。当某种产品能够帮助消费者实现某种形象超越，或者能满足消费者某种欲望时，这种产品就越容易被消费者接受。微店商家在策划推广文案的时候，不妨多从这方面入手，让文案内容展现产品某方面的个性化特色，吸引消费者的关注。

（3）想消费者之所想。很多时候，虽然消费者内心中有着自己的诉求，但是由于各种因素的制约，比如自身感知能力的限制，或者表达能力的短板，并不能及时、准确地将自己内心的诉求完整地表述出来。很多微店商家都会有这样的经历：在沟通中询问消费者是否喜欢那款产品的时候，很多人都会说喜欢，但是暗示消费者购买时，却不一定得到肯定的答复，他们会犹豫不决。

为什么会出现这样的情况呢？答案其实很简单，消费者之所以说喜欢，是因为他们在很大程度上认可了产品的特点，但是却无法表达出自己对产品不满意的地方。也就是说，很多情况下，消费者心中其实连自己的具体需求标准也不能清晰地表达出来。换个角度而言，这正是商家策划推广文案时需要抓住的要点，只要文案内容明白地展现出产品能够满足消费者这部分隐秘性的需求，也就能够在很大程度上抓住消费者的眼球，迅速地提升人气，在消费者内心中树立起良好的口碑。

8.4.4 运用打动用户的内容

产品推广文案的最终目标是打动消费者，拉近消费者同产品在心理上的距离，提升产品人气和知名度，打造爆款。想要达到这样的推广效果，微店商家在策划产品推广文案的时候必须要坚持这样一个原则：文案内容必须能够打动消费者，触动他们的心弦。只有做到这一点，消费者才会在文案上停留目光，饶有兴趣地阅读产品资料，更深入地认知产品。

（1）人情味，让你一击必中。人是情感动物，不管是在生活中还是在工作中，情感总是最能打动人心的东西。所以微店商家想要自己的产品推广文案最大限度地被消费者接受和认同，就必须让内容充满感情。不管是怀古论今，还是感悟生活和人生，或者抒发亲情、友情和爱情的美好，都能击中消费者内心最柔软的部分，让消费者情不自禁地接纳你的产品（见图 8-18）。

（2）变身成为科学家。对很多人来说，觉得科学家意味着权威性，科学家说的话有理有据，对个人的生活和工作都非常有价值。所以作为一名微商，你也可以变成一名科学家，结合你所售的产品，在推广文案中多普及一些相关的科学知识，这样你的文案内容不仅有了实用性和可读性，还具有了权威性。假如微店商家能够结合自身所销售的产品，紧紧地抓住生活中的一些细节和问题，普及一些和人们生活息息相关的科学知识，那么微店商家变身为“科学家”的概率就会变大，别人会因为你能提供巨大的科学价值而关注你、信任你，继而踊跃购买你的产品（见图 8-19）。

图8-18　人情味浓厚的文案

图8-19　科普性文案

（3）展示大家的共同爱好。在产品推广文案中，微店商家不妨关注大家的共同爱好，结合热门话题谈论一下自己的产品。这类文案内容因为贴近生活，和大家兴趣关联度高，所以通常都能成为大家喜欢阅读和评论的焦点。比如人人都喜欢美食，微店商家可以多发布一些美食、运动内容的推广文案，如哪个城市有什么好吃的好喝的，都可以写出来。再如很多人爱看电影，微店商家能结合时下热门的电影，推广一下自己的产品，效果也会很好（见图 8-20）。

图8-20 利用热点引发大家的阅读兴趣

8.4.5 幽默文案多加入

不管何时何地何种环境，幽默总是具有无形的力量，让人开怀大笑，心存愉悦，拥抱阳光。微店商家在策划推广文案的时候，不妨多在幽默性上做文章，利用幽默的力量在愉悦消费者内心的同时吸引他们的眼球，提升他们对微店产品的好感，提升产品的人气和知名度。那么怎么在文案中加入幽默因素呢？

（1）给予产品人物性格。微商在策划产品文案时，不妨将产品人性化，或现身自卖自夸，或使用漫画，在形象上展现出幽默诙谐的因子。这些方法都能让消费者感受到幽默，从而心怀愉悦之情阅读下去，爱屋及乌，对产品的看法也会是愉悦的，正面的，消费者喜欢上产品的概率就会大大增加（见图 8-21）。

（2）夸张地表述产品功能。微店商家在策划推广文案的时候，不妨将产品的性能夸张地表述出来，继而达到一种幽默的效果，让消费者看了之后结合产品的使用功能会心一笑，继而对产品更有信心。比如微店商家经销香水，那么在推广某种香水品牌时，可以加入这样的话语：“由于我们的香水性能超绝，极易吸引异性，所以随产品赠送自卫手册一本。”如此一来，消费者在大笑之余，怎会不对这种香水更加好奇和期待呢？

图8-21　将商品人格化的推广文案

（3）用谐音字偷换成语或者常用语。谐音字在制造幽默上具有非常好的可操作性，微店商家在策划微店产品推广文案的时候不妨多运用谐音字，通过偷换成语或者常用词语中的个别字，来达到幽默的效果。比如经营化妆品的微店商家，在推广某类祛痘产品的时候，可以在文案中加入这样的广告语：“趁早下‘斑’，请勿‘痘’留。”虽然只有短短的一句话，但是谐音字的巧妙替换，营造出了一种浓郁的幽默气氛，让人看了之后会心一笑。

8.4.6　图文内容更具说服力

产品推广文案图文并茂，才能发挥出最大的魅力，让人的目光更乐于在上面停留。心理学家研究发现，相对于文字，图片更吸引人的注意力，图文并茂的文案总是能够让人的目光停留在上面，探究它的内涵。所以一个好的产品推广文案必定要图文并茂，甚至是图片占据大部分篇幅，文字只是点睛。

（1）文为主，图点睛。这类产品推广策划文案的中心在于文字对产品原料、生产过程、销售渠道等方面的探查和解说，在各个重要节点配图，突出文字的可读性和生动性。这类产品推广文案是各商家在推广产品时惯用的文案模式，精彩的图片配合有趣的文字，可以最大限度地引发消费者的阅读兴趣，提升产品的人气和知名度（见图8-22）。

（2）图为主，文字点睛。这类产品推广文案往往图片占据大部分篇幅，精美并富有联想性，而文字则以解说的形式出现。而且文字可以看起来和产品没有直接关系，但是结合图片仔细一品味，却又存在着千丝万缕的联系，令人回味无穷。这类文案以哲理、幽默韵味为卖点，褪去了“广告”的外衣，让消费者觉得很亲切，容易拉近产品和消费者的距离，润物细无声，适合长期推广使用（见图8-23）。

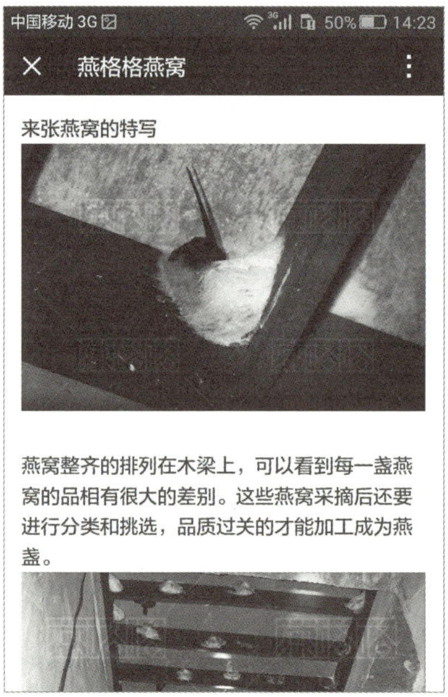

图8-22　以图片点睛的文案

图8-23　图片解说型文案

第 9 章

销售技巧，让用户无法拒绝的交易策略

微店商家在经营过程中，在确保商品质量过硬的前提下，也需要掌握更多的高效销售技巧，才能更好地吸引消费者注意，顺利地将商品卖出。成功的微店商家总会在销售技巧上高人一筹，让消费者认同观点，无法拒绝商品的诱惑，心甘情愿地掏钱购买。所以，微店商家必须着眼于实际销售中遇到的情况，尽可能地掌握更多的销售技巧。

9.1 免费策略不可少

对商家而言，免费是屡试不爽的吸引消费者关注、提升人气的销售策略。消费者普遍存在着“天上掉馅饼”的心理,对一切带有“免费”字眼的信息都很敏感并乐于追逐。所以微店商家在实际经营过程中，有必要详尽地掌握免费销售策略，快速提升微店的人气和财气。

9.1.1 加入免费试用环节

免费试用是指微商推出声称消费者可以不花费一分一毫就可以免费享用的某些产品或者服务的活动。其实免费试用属于一种体验式营销活动，其目的是让消费者亲身体验产品的具体性能，感受产品的高品质，为微店赢得更多的消费群体。

（1）免费试用积攒粉丝。从心理学上看，人们普遍存在着“免费获利”的欲望，在潜意识中期望不花费任何金钱就能得到自己想要的东西。在这种心理的驱动下，微店产品免费试用开始后，会吸引大量的潜在买家关注你的微店，激发他们想要拥有该试用商品的欲望，导致大家争相申请产品试用资格。而这些人还会向身边的亲朋好友推荐微店的试用信息，加速微店相关信息的传播。

（2）选择一个试用推广平台。微店做免费试用的第一步就是选择一个试用推广平台，国内会员比较多的试用推广平台，一个是试用中心，另一个是试客联盟。微店卖家们可以根据自己店铺的情况来选择一个合适的试用推广平台。选择好平台之后就要了解怎么发布“免费试用”，接着发布“免费试用”活动，来吸引买家的关注，让更多潜在买家参与到店铺“免费试用”活动中来，给店铺带来人气，引入流量。

（3）重视试用买家的筛选。微商在选择买家免费试用产品的时候，不能漫天撒网，不加区分，而要慎重选择，这样才能达到预设的效果。微商最好选择一些专业的试用买家，因为这类买家不仅能够真实客观地分析、评价产品，帮助你宣传微店的产品，而且还能为你的微店带来一批粉丝，提升微店的人气。当然除了专业性的试用买家外，微商也可以和消费者中的“意见领袖”合作，提供产品给这些“意见领袖”试用，用这些人对产品的评价来影响尽可能多的消费者。

（4）鼓励买家做口碑报告，展示试用结果。对微商来说，推出试用产品提升微店的人气是必不可少的，但是想要将人气转化为利润，还需要快速地树立起产品和微店的口碑。那么怎么才能快速地树立起微店的口碑呢？鼓励试用消费者晒体验报告和试用心得不失为一个高效的方法。微商可以和试用消费者约定在试用过程中或者试用结束后提交试用报告，并且在商品评论区晒出试用心得。这样一来，无形中就给微店树立了口碑，当这种口碑在消费者群体中传播的时候，就是微店获得口碑红利的时候。

9.1.2 适当开启免运费模式

对消费者而言，之所以选择在微店上购物，一来是出于便捷的原因，随手拿起手机登录网络就可以选择自己想要购买的各种产品，省去了在一家家实体店奔波的辛苦和烦恼；二来则是由于微店产品价格普遍低于实体店，在微店购物可以在很大程度上享受“物美价廉”的购物体验。但是对很多消费者来说，在享受微店便利购物的同时，运费是他们不得不考虑的一个重要因素，有些消费者甚至会因为运费过高而放弃购买中意的产品。所以微商在适当的时候开启免运费模式，会让消费者产生一种“捡便宜”的心理，继而激发他们的购物热情。

（1）购买产品满一定数额免运费。对微商来说，可以在店内的公告板上或者在结算页面显示“消费满 ×× 免运费”的提示。这样的标语可以给消费者一定暗示：为什么不再购买一件产品凑够消费额呢，这样就可以省掉讨厌的运费了。这样一来，每一个消费者都抱着同一想法，那么你微店产品的销售额必将大大提高。这种销售方法适合售价不怎么高的产品，单件产品包邮成本太高，只有消费满一定数额后免除运费才能获利。

（2）活动期间所有产品包邮。为了提升人气，扩大微店知名度，带动相关产品的销售，微店经常会搞一些促销活动。在这些活动期间，微商不妨优惠到底，将所有产品的运费都免除掉。活动产品的价格优惠再加上免运费，双重大礼之下，消费者势必觉得捡了一个大便宜，积极进场选购自己喜欢的产品。

（3）所有产品包邮。这种免运费模式适合经营中高档产品的微店，相对于产品本身的价值，运费所占的比例可以忽略不计。所有的产品都免除运费，会让消费者在第一时间内觉得商家很“大气”，在这里购物很合算。如此一来，消费者对微店的第一印象也就非常好，在微店购物的概率也会提升不少。

9.1.3 免费抽奖

在微店免费销售策略中，免费抽奖是一种非常吸引人的营销方法，它不仅能够极大地为微店聚集人气，还能在很大程度上带动其他商品的销售。从心理学上看，免费抽奖就是利用消费者在消费过程中存在的侥幸获大利的心理，利用抽奖的形式来吸引消费者购买产品。

（1）每天抽奖。微店商家可以根据自身实力，选择性地进行这类抽奖活动。每天抽奖由于不设置任何抽奖门槛，而且每天都有获奖机会，能够极大地吸引消费者的目光，提升微店的人气。但是这类抽活动因为次数比较频繁，需要准备的奖品数量比较多，所以成本也比较高。免费抽奖活动可以选择一些小玩偶、小饰品之类的低成本奖品，做到细水长流，通过日积月累的方式拉升微店人气，带动微店商品的销售（见图 9-1）。

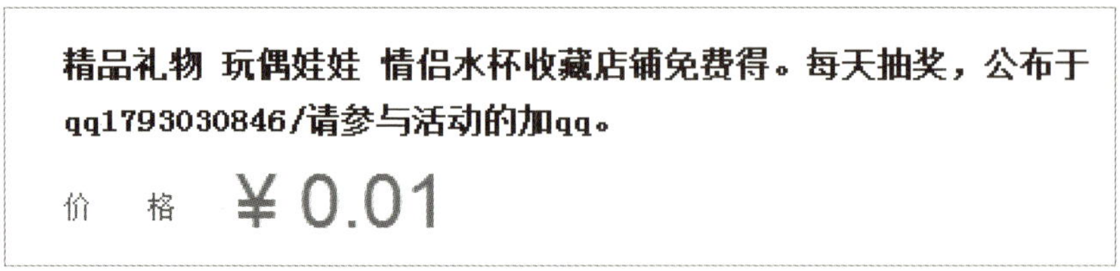

图9-1 某微店开展的每天抽奖活动公告

（2）购买满一定数额产品抽奖。和无条件的每天抽奖活动相比，微店商家可以在消费者购买满一定数额商品后提供额外的抽奖机会。此活动可以给消费者一种意外之喜，拉近消费者和微店商家的感情，提升消费者对微店的认同感。更重要的是，这种“意外之喜”会强烈地满足消费者的“逐利”心理，继而将自己遇到的“惊喜”分享给身边的亲朋好友，无形中帮助微店拉升了人气，提升了口碑。

（3）将福彩搬到微店。微店还可以根据自己的实力，在微店页面向消费者免费提供福彩彩票，开展“幸运一键点”之类的活动。这类和福彩结合的免费抽奖活动，可以增强消费者的现场感，更能提升透明度，消费者完全凭借着运气参与抽奖。如此一来，微店便能让消费者在购物的同时享受到中奖的激情。另外微店也可以开展一些“砸金蛋”之类的免费抽奖活动，既有趣味性，又能提升微店的人气和消费者的购物激情。

9.2 推出微店团购模式

所谓团购，是指团体性购物，认识或者不认识的消费者联合在一起，组成一个购买团体，以求得最优惠购物价格的一种购物方式。在团购模式下，商家会根据薄利多销的原则，给出低于零售价格的团购折扣和单独购物得不到的优质服务。团购作为一种新兴的电子商务模式，通过消费者自行组团、专业团购网站、商家组团等形式，提升用户和商家的议价能力，让消费者获得更多的商品让利。对商家而言，团购也是一种提升产品销量、增加利润、扩大影响的重要途径。所以微店适时推出团购模式，能够获得意想不到的效果。

（1）微店自身开展团购活动。微店可以通过后台将想要开展团购的产品设置成团购模式，进行团购优惠活动。在设置团购商品时，可以重点“关照”一些平时销量不是太好的产品，用团购的相对低价换取产品销售数量的提升。另外团购应该根据产品属性设置好时间段，食品餐饮类产品的团购时间段要稍微短一些，这样可以留给消费者新鲜的感觉；其他产品的团购时间可以相对延长（见图 9-2）。

图9-2 某微店开展的团购活动

（2）和专业团购网站合作。“互联网 +”时代，团购已经成为消费者最热衷的购物方式，他们最常逛的网站就是一些专门做团购的网站，诸如“美团网”（见图 9-3）、“拉手网”“大众点评网”等。微店商家通过和这些人气团购网站的深度合作，可以最大限度地扩散微店团购信息，拉升微店人气，提升产品销售数量，获得更多的利润。

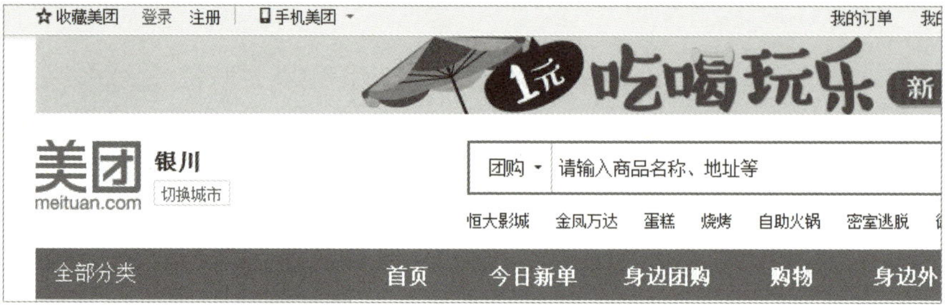

图9-3 热门团购门户“美团网”

9.3 玩转赠品促销

赠品，换一个通俗的说法就是礼品。每个人生活中都有这种感受：一提起礼品，特别是别人送给你的礼品，就内心甜蜜。每个人都喜欢礼品，假如微店商家在产品营销过程中能善于利用赠品开展促销活动，那么微店便能有礼“赢”遍市场，让店内的产品成为消费者谈论的焦点，微店的人气必然大升，产品的销售数量和利润也会大增。

但是在实际的微店营销过程中，很多微商尽管打出了赠送礼品的口号，但是最终结果却不尽如人意，效果并没有想象中的那么好，究其原因在哪儿呢？在微店商家向消费者赠送礼品的时候，应该怎么做，才能让赠品送得好，起到“四两拨千斤”的效果呢？

（1）突出一个“真”字。很多微商在营销的时候，经常会推出一些“买一送一”“买一送二”之类的活动。以“买一赠一”为例，假如我们购买一个 20 元的产品，平均下来每件产品只有 10 元，这样算起来很划算，但是你欢天喜地购买下来，事后发现这种产品原价不过 5 元钱，你被商家忽悠了，这个时候你的内心是不是很沮丧、很愤怒呢？

令人遗憾的是，很多微商在做营销活动时，有的虚报主商品价格，有的搭配“三无”产品……这类失真的行为，让原本的赠品成了鸡肋，甚至是毒药，事后引发了顾客强烈的不满。这些微商的行为其实是自掘坟墓，失真的赠品会让他们在消费者群体中失去信任，最终成为过街老鼠。

“A 小煊煊”经营着一家化妆品微店，经常在朋友圈举办一些促销活动，最常见就是送赠品。“A 小煊煊”一直认为，虽然赠品是免费的，但却能实现产品销售的总体增长，更重要的是，赠品的质量其实和产品质量是一体的，关系着微商的声誉，存在着一损俱损的关系。所以在活动中，“A 小煊煊”提供给顾客的赠品质量绝不会打折，和日常售卖的产品完全一样。

赠品的质量获得顾客的好评，不仅能提升产品的整体销量，也能为微商赢得可贵的声誉。所以说，微店商家进行促销时，赠品的质量要有保障，要“真送”，而不是“假送”。这样才能让消费者得到看得见、摸得着的实惠，赢得顾客的忠诚，提升下单率。

（2）在“亮”字上做文章。微店商家搞免费营销活动，要力求造成轰动效应。微商可以根据自己的财力水平，在促销的时候提升赠品的含金量，甚至可以将所赠产品的价值提升到促销产品之上，这样就能营造一种轰动效应，大幅提升促销产品的数量和销售额。

“浮萍”经营着一家手机店，除了日常经营之外，她还专门在微信朋友圈内营销产品。为了提升产品的声誉和销量，“浮萍”在微信朋友圈内策划了一个“买手机送品牌电脑”的活动，最先下单的前三名顾客赠送一台笔记本电脑。

此活动一推出，“浮萍”在短短的一小时内就收到了 60 份订单，某些手机型号都断货了。虽然 3 台笔记本电脑价格不菲，但是在一天的时间里，“浮萍”销售手机获得的利润却远远大于 3 台笔记本电脑的价值。更重要的是，通过那次促销活动，点亮了她在朋友圈中的信誉之灯，因为她送出去的笔记本电脑货真价实，得到赠品的买家兴奋地在朋友圈晒图，不仅大大提升了“浮萍”微店的知名度，还为她的产品做了一次成功的广告宣传。

（3）赠品还需有品位。微商搞促销活动时，所提供的赠品有品位，才能获得最佳的广告效应。赠品既要给顾客物质上的实惠，也要给人精神上的优越感，让顾客觉得此时购买你的产品比到其他地方购买没有赠品的产品要实惠，更划算。

另外要特别注意的是，赠品要迎合大众消费群体的品位，而不是少数人的实际需求。也就是说，赠品需要具备大众消费性，其功能不能太“偏门”，要大众化，这样才能最大限度地吸引消费者关注。

9.4 促销活动要有力

促销活动受不受欢迎，和力度大不大有着直接的关系：促销力度大，折扣多，影响和传播范围就大，关注和参与的消费者数量就多；促销力度小，折扣幅度低，影响和传播范围就小，关注和参与的消费者人数就少。所以促销不应该仅仅停留在“噱头”概念上，而应该真刀实枪地在力度上做文章。

9.4.1 抓住节日促销

逢年过节，向来都是商家营销的大好时机。实体店大打折扣，借着节日气氛抬升人气，期待商品大卖。其实微商在营销时也可以借助节日的喜庆气氛，进行节日促销，只要方法得当，内容扎实可信，商家在活动中推出的产品就一定会大卖。

当然，节日促销也需要创新方法，最大限度地吸引顾客。假如微店商家在节假日的促销方法不新颖，力度也不足，就可能营造不出节日促销的氛围，带动不了大家购物的热情。所以说，一名成功的微商，在节日促销的时候，不会简单模仿，而会力求新颖、瞩目，拉动人气。

（1）安排线下促销活动。互联网微店毕竟是一种虚拟性的店铺，节日促销还需要实打实地搞活动才能将影响扩展到最大，提升人气。所以作为一个成功的微商，每逢节假日，要在线下开展一些促销活动，和消费者面对面地交流互动一下，这样才能最大限度地拓展节假日活动的价值。

王芳经营着一家销售化妆品的微店，为了提升她的产品在微信朋友圈中的知名度，提升产品销量，她很重视在节假日的营销活动。今年“三·八”节前夕，王芳便在微信朋友圈中发布了一条促销活动通知：喜迎“三·八”节，所有产品七折销售3天，欢迎各位男士购买，作为礼物送给亲爱的她；更欢迎各位美丽女士前来选购。活动开始后吸引了很多朋友圈中人，王芳不仅赚足了人气，还认识了很多朋友圈中一直不曾谋面的人，拉近了彼此间的距离，发展了更多的粉丝，大大提升了产品的销量。

（2）做好差异化节日促销。每逢节假日，微商们就会大打促销牌，但是大多局限于“折扣”“特价”等形式，这些节日促销方式早已经让顾客耳熟能详，见怪不怪了，甚至到了视若无睹的境地。所以微店商家在节假日搞促销活动时，不妨换一种新颖的方式，做好差异化促销，这样才能最大限度地吸引眼球，推动产品的销售。

杨云经营着一家黄金珠宝店，除了线下销售外，她还非常热衷于微信朋友圈营销，特别是在节假日的时候，总会推出几件特卖商品，设定抢购的时间，只要时间一过或者产品被抢空，就会关闭下订单功能。这样的节假日营销策略让很多粉丝产生了这么一种想法：“这个节日没抢到，说不定明天还会有活动，到时候一定要买。”出于这种心理，关注她微店的粉丝数量便更多了，很多人关注着，时间久了，便习惯从她的店里订购首饰了。

（3）加粉同样享受线上活动优惠。节假日营销活动并不是封闭式的，而是开放性的。在举办线下活动的时候，产品的优惠价格不要局限于某一特定的群体，应该最大限度地扩展针对性，力求将所有的消费者都吸引进来，通过产品折扣上的吸引，扩展商家的粉丝量，壮大商家的朋友圈。

小微每逢节假日便会积极开展促销活动，在活动现场会专门开辟一个朋友圈专区，产品折扣相对于非朋友圈专区会低很多，吸引很多人询问怎样才能享受到朋友圈的折扣。这时小微便会非常热情地引导顾客扫描自己的专属二维码，将别人拉进自己的朋友圈，最终她的粉丝越来越多，产品销售数量也大幅增加。

9.4.2 促销折扣力度要大

微店商家举办的任何活动，对于消费者来说，价格永远都是首先要考虑的因素。决定消费者能否被商家促销活动所吸引的最重要因素之一就是促销活动中产品的折扣力度。作为一名微商，在产品营销的时候，假如能够利用好打折这种促销手段，尽力加大产品折扣，就能够最大限度地吸引消费者的眼球。

那么微店商家应该从哪些方面加大折扣的力度呢？

（1）考虑好打折的名义。正所谓“名不顺，则言不顺”，在微信商家发布打折消息前，特别是对于力度比较大的折扣活动，一定要为打折想一个好的“名义”。假如没有什么名义突然就举办大力度的折扣活动，往往会引发消费者的疑虑：微店商家之所以会突然推出大力度的折扣活动，可能是产品质量有问题，或者产品临近了保质期等。所以微店商家在举办大力度折扣活动之前，需要找到一个合理的名义，让消费者觉得这么大力度的折扣促销活动是很自然的，是实实在在的优惠，而不仅仅是噱头，不是处理质次产品的欺骗。

张荣经营着一家箱包微店，主要做朋友圈众人的生意，销量也一直不错，大家需要箱包的时候都会找他购买。张荣之所以能在朋友圈“吃得开”，很重要的一点就是他经常搞打折促销活动，而且力度非常大，完全是“友谊价”。他打折的名义都很自然，比如“店庆三周年”“祝贺本店产品销量突破 10 000”之类，让人觉得这样的打折理由很合理，不是噱头，所售卖的产品不会在质量上存在瑕疵。打折期间，一些商品通常会五折出售，比如一个平时 300 元的钱包，打折之后的价格会降到 150 元，这样的折扣力度是非常吸引人的，再加上他售卖商品的质量也有保证，所以大家渐渐便养成了购买他的商品的习惯。

（2）折扣要突出“超低”，可用限时抢购等活动拉升人气。限时抢购的一个最大吸引点在于它所提供产品的折扣力度非常大，商品抢购期间的价格远远低于平时。所以微店商家可以多举办一些限时抢购活动，在商品价格上“用心”，拿出一定数量的商品“赔本赚吆喝”，用超低价牢牢吸引客户的目光。

美美在微信朋友圈推销自己的山地车时，经常运用限时抢购的营销手段。她注重营造一种抢购期间商品价格超低的理念，一辆平时 2 000 元的山地车，抢购期间只需要 500 元即可。每次她在朋友圈发出“名牌山地车限时抢购，500 元骑回家”的消息后，便会引来众人的“关切”，询问信息一条接着一条，她都一一给出回答，让他们关注自己的微店发布信息。就这样，虽然每次限时抢购的山地车只有两辆，活动开始后几秒钟就被抢完，但是大家在接下来的时间里关注的热情却没有丝毫减弱，很多没抢到的人干脆直接购买。

（3）打折商品要有所选择。也许有些微商会觉得打折力度加大之后，商品的价格降了，利润少了，搞不好就会亏损。其实不然，只要有针对性地选择打折的商品种类，选择大众适用的商品进行搭配，就能将大力度的打折促销变成一个盈利活动。

刘慧霞经常在微信朋友圈促销自己的化妆品，为了提升人气和销量，她也会做一些打折促销活动（见图 9-4）。在活动之前，她会根据商品的价格和种类合理搭配各种产品，进行捆绑销售，以打折商品带动未打折商品的销售，继而实现总体盈利。这种打折方法效果非常好，有很多人冲着折扣而来，在购买折扣商品的同时，也带动了其他商品的销售。

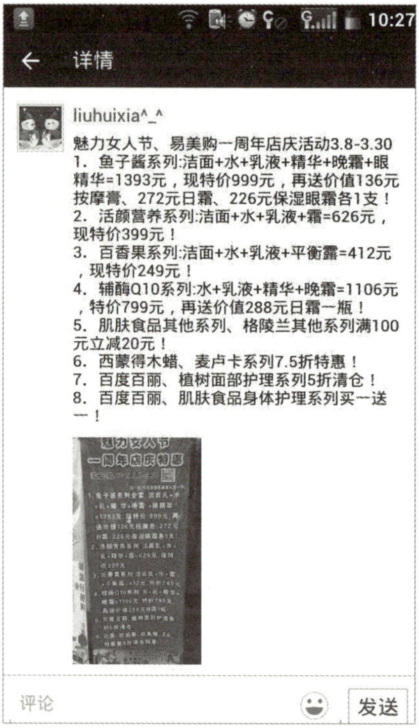

图9-4　某微店活动期间折扣力度非常大

正是对打折商品的精心选择使得刘慧霞的折扣促销活动井然有序，在吸引顾客、提升产品销量的同时，也大大增加了产品的销售利润。

（4）打折时间选择要合理。在时间选择上，微店商家可以参考消费者购物的季节性规律和目标顾客群的购物意向变化，以此作为大力度折扣活动发起的时间依据。当然微店商家也可分时段打折，比如在节假日、店庆等时间节点，人气旺点儿的可分时段打折，人气差点儿的延长打折时间。

9.4.3　积分买赠

所谓“积分”，是指商家在顾客购物后，根据顾客的购物金额赠送给顾客一定数量的积分，这些积分累计之后可以兑换礼品或者下次消费时抵算部分购物金额。现代生活中，超市和商场等商家采用最为广泛的一种促销技巧就是“为顾客积分”，通过顾客的购物积分给顾客一定的优惠。这种做法不仅能留住老顾客，而且还能带来新顾客，促使新老顾客持续长久地消费。

其实微店商家在营销时也可以运用这种促销技巧，为消费者提供购物积分，帮助消费者省钱，让他们将这种实惠带回家，并对积分念念不忘，继而多次来店消费。那么在具体运用购物积分的时候，微店商家需要从哪些方面入手呢？

（1）用积分吸引新客户。当微店商家在各种平台发布微店商品信息后，感兴趣的消费者会进入商家微店详细了解，这个时候微店商家怎么才能将消费者留在微店，最大限度地激发消费者的购买欲望呢？其实要达到这个目的，对微店商家来说不外乎两种手段：第一，你的产品物美价廉，属于那种让人抢购型的；第二，你的服务够好，促销手段吸引人。

那么怎么吸引人呢？很多微商在营销宣传的时候，总是围绕着产品进行，却忽略了促销和优惠制度的建设。要知道，对消费者来说，到哪里买都是买，在商品同质同价的前提下，你的产品和别的商家所售产品在质量和价格上都相差不大，想要吸引客户，可以选择积分营销。

积分营销是最为先进的营销手段之一，当微店商家在各个社交平台上进行营销宣传活动时，应该让大家清楚地了解到，他们在你这里购买任何产品都能获得积分。当然送积分不仅限于购买产品，晒单送积分，推荐也会送积分，而送出去的积分可以抵现金，可以直接兑换产品。这样微店商家就可以通过积分将更多人变成你的会员，购物送积分，有了积分再购物，无形中就形成了一种良性循环。而秀帖送积分、推荐送积分等活动，则能够让老客户变成你的推销员，向身边的亲朋好友推荐你的产品。

（2）用积分促进二次购买。客户购买产品之后送积分，相当于客户在你那里还有一部分资产。这样一来，他们就会始终惦记着这部分资产，想方设法将这部分积分花出去，你赠送出去的积分成了联系你和客户的纽带，是促使客户进行二次消费甚至是多次消费的重要伏笔。

微店商家可以在做活动或者新品上市的时候提醒一下客户，是时候使用他们手中的积分了。这样别人才会想：对啊，我还有积分呢，去他的微店看看有什么新产品，在他那儿买最划算。这样积分就成了你促销的利器，也会在你推出新产品的过程中产生积极的影响。另外，客户消费体验好了，你可以利用积分面向老客户推出更加优惠的激励政策，让老客户帮你推荐新客户赚取积分，这样便能在你、老客户以及老客户介绍来的新客户之间实现三赢局面，进一步提升产品知名度。

积分要配合促销活动一起使用。积分单打独斗，使用效果往往会比较单薄，为了最大限度地发挥积分的营销效果，最好能够将积分和各种促销活动联系在一起，打出“组合拳”，形成组合效应。

在节假日、店庆、上新品、清库存等搞活动前，可以提前赠送一定的积分。比如你可以在微信朋友圈、QQ 空间等平台发布这样的内容：本店 6 周年店庆，老客户免费赠送 100 积分。积分配合上店庆的打折促销活动，相信能够吸引很多老客户回头看看。

9.5 饥饿销售策略

从心理学上看，人们潜意识中普遍存在着“物以稀为贵”的认知，觉得稀有的、得不到的东西是最好的，而对那些能够轻而易举就能得到的东西却并不重视和珍惜。于是市场上很多商家针对消费者的这种心理进行“饥饿营销”，让自身生产或者出售的产品看起来很稀少，继而展现一种“有钱也买不到”的局面。这样一来，产品的“难得性”便会激发消费者的占有欲和购买欲望，继而让他们加入抢购大军中。

微店商家在产品营销过程中不妨适当运用饥饿营销策略，营造一种产品供不应求的景象，激发消费者的购物欲望，提升微店的人气，增加利润。

9.5.1 推出限量商品

饥饿营销最常用的一种方式就是推出限量商品，通过“管制”商品进入市场的数量来营造一种供不应求的场面，继而引发消费者的好奇心和购买欲望。那么微店商家在推出限量商品的时候，应该从哪些方面入手，注意哪些问题呢？

（1）限量销售的最大效果就是引发客户的好奇心。有一家销售粮油的微店，库存的食用油大量积压，为了能够快速地将这批食用油库存消化掉，商家想了一个办法：策划了一个广告——本店食用油，即日起每人限购一桶。微店商家将公告挂在网页醒目的位置，引得大家议论纷纷：“为什么要限购，难道食用油要涨价了？”渐渐地，这种猜测便在各个社交平台蔓延开来，很多人闻声登录这家微店看个究竟，继而引发抢购。结果仅仅用了一天的时间，微店库存的食用油便被抢购一空。

这家微店清理库存的招数之所以能够起到立竿见影的效果，正是利用了限购能够引发人们好奇心、产生围观效应的营销规律。限购利用了人们的好奇心理、不安心理、争胜心理以及逆反心理，越是难以得到的东西，人们越是争先恐后去抢购。可以说，通过限量销售，微店商家吊足了顾客的胃口，达到了预期的销售目标。

（2）新产品限量销售，凸显产品稀缺性。对大众来说，普遍存在着“物以稀为贵”的心态，觉得越是稀少的就越珍贵，越值得花费大量时间和金钱去获得。所以微店商家不妨利用大众的这种心理，在新产品发售上做限量销售，吊起大众的占有欲望，这样不仅能迅速提升新产品的知名度，树立口碑，还能带动店内其他产品的销售，在整体上促进企业产品的销售，帮助微店获得最大利润。

（3）粉丝经济时代，限量是秘密武器。现代社会制造业发达，各种商品应有尽有，数量远远超过人们的想象，早已经由最初的卖方经济进入买方经济。任何一件商品，只要你有钱，就可以买到，这似乎是市场进入买方经济之后的规律。假如你的产品质量够好，但是花钱却不一定能够买到，这就是一种逆市场行为，必然会显得“与众不同”“引人注目”。

假如微店能够打好限量牌，必然会在消费者群体中引发关注，迅速打出知名度，激发大家的消费欲望，甚至会引起抢购热潮。所以微店商家有必要将限量营销作为产品走向市场、树立口碑的秘密武器，研究适合自身的限购策略（见图 9-5）。

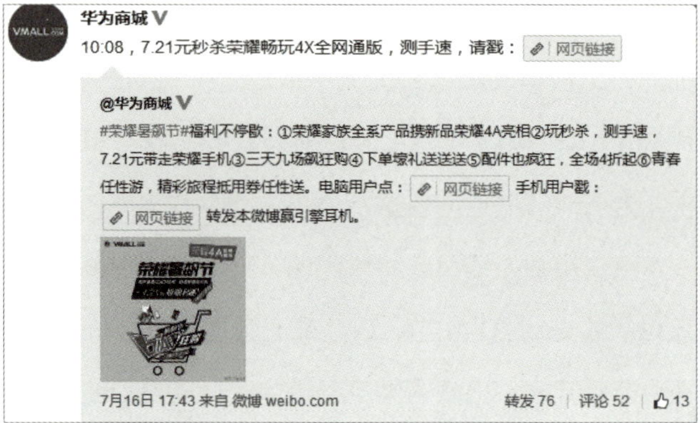

图9-5 华为商城限量销售产品

9.5.2 打造“货源紧张需预订”局面

预订是指在产品还没有正式进入市场之前进行的销售行为。对微店商家而言，预订是一种非常有效的营销手段，可以让微店商家提前了解自身产品是否有市场，有效地规避市场风险。最重要的是，预售还能提前为产品销售进行预热，拉升人气，给消费者一种产品异常抢手、货源非常“紧张”的心理暗示，最大限度地激发消费者的购买欲望。

（1）预订帮助微店商家了解市场，点燃消费者的热情。对微店商家而言，在推出一些设计、发明类产品前，可以通过预售的方式来了解这款产品的市场预期，特别是针对一些只能批量化生产的产品，通过预售达到一定的数量之后才能投入真正的生产，这样可以帮助商家有效地规避市场潜在的风险：假如一款产品通过预售“卖”出的数量屈指可数，就证明它没有获得消费者认可，这是一种对产品市场认知度很好的调查方法。更重要的是，假如微店商家生产或代购的产品在预售中表现良好，那么后期的预售活动就能营造出优质的营销气氛，点燃消费者的购买欲望，让产品在正式销售前最大限度地聚集人气，形成围观效应，树立产品口碑。

（2）排队营造产品稀缺氛围。在实际生活中，我们经常会看到这样的现象：某一门店前，人们排起了长队，从此地经过的人便会关注，然后有意无意地加入排队的人群中。其实这就是一种围观效应，是人们对稀缺抢手产品做出的一种本能反应。对消费者来说，越是稀缺的商品，越能激发他们的购买欲望，排队无疑助长了这种消费心理，让消费者更急于购买产品。

其实不仅实体店排队会营造出产品稀缺的氛围，网上的排队也一样，可让更多的消费者加入抢购大潮中。

红米手机首发互动中，米粉网上订购数量飙升，必须排队，营造出了一种“人山人海”抢购的氛围，火爆场面吸引了更多的人加入进来，为活动聚集了超强人气。

（3）故意拖延提货时间。微店商家营销的时候，可以这样告诉顾客：“今天你订货了，但不能立即发货，因为这种产品卖得太快了，前天进的货，今天已经卖完了。你要等到明天再来提货，或者你把地址告诉我，货来了，我们给你送过去。”这样就给顾客制造了一种产品紧俏的印象，让顾客觉得你的产品好，从而对你的产品更放心。

（4）延时满足激发更大热爱。不管是预售也好，排队也罢，消费者想要真正拿到产品，都需要等一段时间。其实对消费者来说，这是一种延时满足行为，不能立即得到的东西，内心中总是充满了期待，正因为最初的“没能立即得到”，所以在消费者得到之后，会对产品倍加珍惜，对品牌则会愈加喜爱。

9.6 借用名人效应激发用户购买

在心理学上，一直存在着一种“权威效应”：假如一个人很有“身份”和“名气”，地位高，有威信，受人敬重，那么这个人所说的话以及所做的事就非常容易引起人们的关注和重视，并且让人们觉得他说的话和做的事情是正确的。这种“权威效应”在社会中是广泛存在的，人们出于安全心理，总是倾向于去相信权威，认为有身份和名气的人往往是正确的楷模，听信他会让自身具备一种安全感，让自身的言行更不容易出错，变得更加“保险”。另外，人们普遍存在一种“赞许心理”，即很多人都潜意识地认为，有身份的人所要求的往往和社会规范是一致的，假如呼应有身份之人的要求，按照他的话去做，便会得到各方面的赞许和奖励。

基于这种大众心理，微店商家可以从下面几个方面巧妙利用，以便更迅速地让用户信任自己，激发用户的购买欲望。

（1）名气代表着一种权威。社会是由众多人组成的，有人的地方就会出现群体，有群体就会出现带头人，这样名气也就随之出现。在现代社会，名气和身份代表着权利，代表着超强的影响力，特别是随着移动互联网的发展，有名气的人因为关注者众多，继而获得了比普通人更大的信息话语权，在一定程度上左右着信息传播的方向。

对微店商家来说，传统的信息发布方式越来越难以适应移动互联网的时代。移动互联时代，粉丝的作用凸显，粉丝越多，意味着市场份额越大，利润越高。微店商家想要获得更多的粉丝关注，就必须利用权威效应，将更多有“名气”的人和自身联系在一起，这样才能最大限度地利用好权威效应，促进产品的销售。

（2）找名人、意见领袖等为产品代言。有实力的微店商家，可以为产品找一位名人代言，利用名人效应扩大自身产品在消费者群体中的认可度和知名度。假如微店商家是代理别人的产品，则可以转发上级企业所做的名人广告，最大限度地扩大产品的知名度。另外微店商家还可以和论坛、微博、朋友圈等自媒体上的“意见领袖”“大V”等合作，利用这些人强大的话语权和号召力来吸引粉丝关注，提升产品人气，树立微店口碑。

（3）将自己包装成“明星”。正所谓“求人不如求己”，微店商家在和有名气、身份的人合作的同时，不妨从自身入手，让自己慢慢变成某个社交平台的“明星”。比如微店商家可以在微信朋友圈内“深耕细作”，多发布一些知识性话题，将自己包装成某一领域内的明星，或者发布一些趣味性话题，成为大家的“开心果”……这样一来，微店商家在社交平台上的影响力就会慢慢变大，越来越为其他消费者所认可，所发表的言论也就有了巨大的号召力。

9.7 产品优质是交易的前提

对消费者来说，购买产品的前提有二：一是有需求，二是产品的质量优良。也就是说，在消费者有购物需求的前提下，产品质量是决定消费者是否购买的决定性因素——产品质量好，真材实料，消费者才有可能下单购买，并且在使用过程中对产品产生信任感和忠诚度。所以微店商家想要生意兴隆，首先要保证产品必须优质，并坚持做好产品，销售优质产品，力争让消费者满意。

（1）做好产品，保证进货质量。假如微店商家拥有自己的产品，那么商家在生产制造过程中就需要精工细作，保证产品的高品质，做出让消费者满意的产品；假如微店商家经销的产品不是自己生产的，那么商家就必须严把质量关，保证所经销产品的质量。微店商家必须明白的一点是，想要让产品成为畅销品甚至是爆款，好的产品质量是根本，假如产品失去了质量支撑，那么即使商家的营销策略再高明，最终也不会做出什么成就，反而会因为产品质量不佳而毁掉口碑。

（2）为产品注入个性化和品位。商品普遍都具有自己的使用价值，有的能为消费者报时，有的能为消费者代步，有的能为消费者提供能量……但是在现代商业社会，过去只为消费者提供使用价值的商品已经渐渐不能满足大众的"胃口"，很多时候，消费者对产品展示个性化和彰显品位的需求已经大大超过对产品本身具有的使用价值的需求。

比如以前人们热衷佩戴手表，一开始电子表价格便宜，报时也准确，后来随着手机的出现，计时功能的价值其实已经不存在了，因为手机上的计时功能完全能够满足人们的这一需求。但是相对于廉价的电子表和手机，还是有很多人喜欢佩戴价值昂贵的品牌手表，由此可见手表已经从最初的使用功能为主的耐用消费品逐渐转变为爱展示个性和品位的符号化消费品。所以对微商商家来说，在做好产品使用价值的同时，有必要提出其个性化和品位，这样才能让消费者更青睐，更信任。

（3）突出产品的“非常规”功能。 产品除了使用价值和个性化的价值之外，最吸引消费者的当属那些“非常规”功能。所谓“非常规”功能，是指企业和商家为一些产品附带的超值功能，比如提供超越消费者期待的服务，产品性价比大大超出消费者预测，等等。这些“非常规”的功能往往会在消费者心目中留下不可磨灭的印象，继而让消费者更加信任微店商家及其销售的产品。

9.8 给用户个性化体验

移动互联网时代，微店商家产品的火爆程度和顾客的体验之间直接画上了等号——好还是坏，顾客在体验之后就有了结论，并通过各种移动平台迅速传播开来，直接影响到了微店的口碑好坏。那么什么是用户体验呢？所谓用户体验，是指消费者和企业产品、人员以及流程互动的总和，也就是消费者在购物过程中切身体会到的消费乐趣。

（1）力争第一印象满分。 微店商家要通过各种方式给第一次购买产品的顾客留下良好的第一印象，这样消费者才有可能成为“回头客”。为此，微店商家必须在初体验上做文章，所谓初体验，就是消费者对产品和服务的第一次体验，比如微商店铺网页在设计上要简洁、时尚，能够让初次登录的客户眼前一亮；实体企业要在体验环境上做到最优最好，导购服务上彰显亲切温馨。如此，消费者心里才能由最初的“随便看看”转变为“印象深刻”（见图 9-6）。

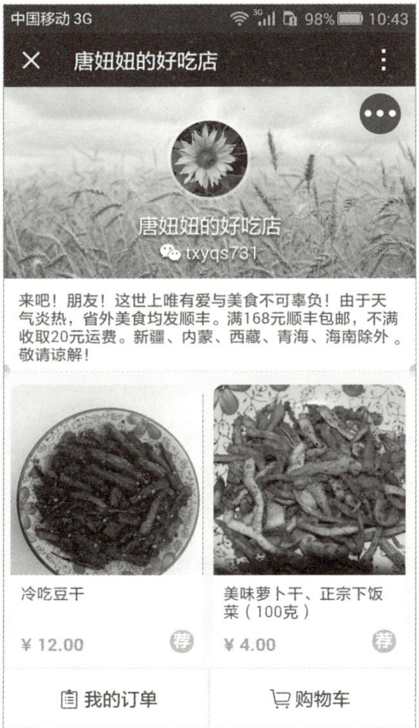

图9-6　令人心旷神怡的微店页面

（2）以创意塑造独特的购物体验。微店商家在为用户提供个性化体验的时候，不妨从创意上做文章，将创意和受众的利益连接起来，这样才会在受众中引发关注和共鸣，让大家积极参与进来，最终提升微店的人气，树立起良好的口碑。想要做到这一点，微店商家必须在创意之前进行调查和分析，正确地捕捉客户的利益点，这样之后的创新才会和受众的利益紧密结合在一起。

赵宝城通过微信卖水果火了，其最主要的成功依仗就是创意切合了客户的利益——人人都喜欢吃价格低且又新鲜的水果。赵宝城推出的创意体验主打价低、新鲜、送货上门，其最初采用的是“先批发后零售”的模式，在零售阶段不是一斤一斤地卖水果，而是一箱一箱地卖（见图 9-7）。对消费者来说，最大的惊喜是赵宝城会骑着电动车亲自送货上门，赚取的是批发零售差价和上门服务费。为了能够为客户提供更加优质的产品，赵宝城后来又亲自跑到了水果原产地寻找货源，和当地水果种植户建立了直接供货关系。

（3）及时给客户回馈与关爱。对微店商家而言，及时回馈和关爱客户，是做好客户个性化体验的关键点。比如对一些老客户，微店商家要经常进行电话回访，了解他们在产品使用中遇到的具体情况，调查客户消费满意度。采取这种回访形式还能及时向客户通报微店商家举办的各种优惠促销活动，让客户更积极地参加企业的各种营销活动。

赵宝城不仅在微信小店上卖水果，而且还在微信中教大家怎么吃水果，怎么快速方便地制作各种果汁，将自己包装成了大家的私人水果顾问。赵宝城深知回赠和关爱客户的重要性，所以他一再向客户承诺，假如客户对产品不满意，可以随时退换货，对服务不满意的话，赵宝城就带着新产品去消费者家中道歉，弥补。就这样，赵宝城的水果生意在微信上越做越大，其表现出来的个性化服务意识以及贴心的关爱，让其微店快速地在消费者内心树立起了口碑（见图 9-8）。

图9-7　很有创意的营销策划

图9-8　充满关爱之情的文案

9.9　情感营销最打动用户

微店商家在使用各种营销技巧吸引消费者积极到微店购买产品外，还应该学会打感情牌，用各种情感营销手段拉近商家和消费者在情感上的距离，深深打动消费者。总之，智慧的微商会在情感上和消费者做朋友，建立起深厚的情感纽带，维系长久的买卖关系。

9.9.1 揣摩用户心理需求

微店商家想要最大限度地拉近自身同消费者之间的情感距离，就必须展现情感上的关怀，话说到消费者心坎上，事做到消费者心坎上。想要做到这一点，微店商家就要学会揣摩用户的心理需求，想用户之所想，做用户之所做，让用户在购物过程中享受情感上的愉悦。

那么怎样揣摩用户的心理需求呢？其实用户的心理需求和其身份背景有着密切的联系，微店商家只要好好分析用户的身份背景，就能很好地掌握用户购物时的心理需求。

（1）分析用户的社会背景。客户的社会地位怎么样，决定了他们购物时有什么样的需求，比如，他是企业家、白领或一般大众等，他们在购物需求上各不相同。如果一个用户社会地位比较高，就会对象征身份的产品有较为强烈的需求，比如名表、知名服装、名车，等等。微商可以从对话中分析出客户的社会背景，然后有针对性地推销产品（见图 9-9）。

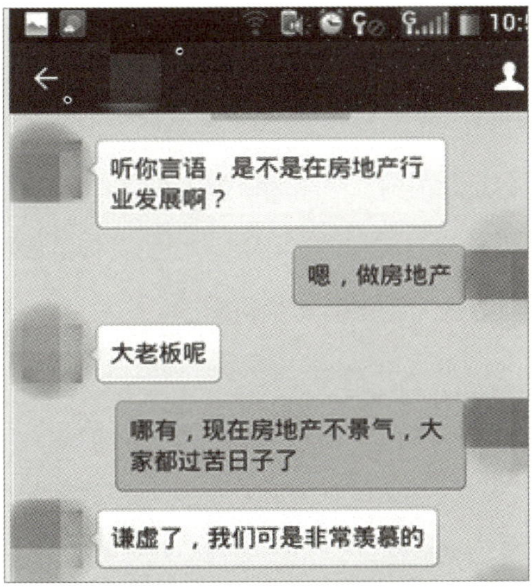

图9-9 分析用户的社会背景

（2）结合用户的年龄阶层，进一步判断客户喜欢什么。年龄较大的客户，往往更喜欢有深度、有内涵、简约而不简单的产品；年纪较轻的客户，往往比较喜欢象征年轻和活力的名品，这两者是有很大差别的。

（3）分析客户的家庭背景。家庭背景特指一个人的家庭关系，比如客户的家人都是做什么的，有没有高管、有没有名望较高的人、家族是否富有、有没有做生意的，等等。通过这些信息可以判断客户的财力状况、社会地位、人际关系，进而了解对方是否对你的产品或服务有需求，有多大的需求。比如，某客户一家都是做生意的，平时忙于经商，对孩子疏于教育，如果你向他推销家教书籍、家教讲座，很可能取得成功。

（4）分析客户的职业背景。职业背景指的是客户是做什么的，做什么具体工作，担任什么职位，等等。比如，你是计算机销售员，面对工程师这样的客户时，你应该明白他们最需要的是你的计算机能帮他们解决什么问题。如果你长篇大论地讲你的产品有哪些优点，很可能无功而返。

9.9.2 将产品情感化

产品的情感价值是指在产品买卖过程中，能够激发并满足消费者积极情感需求而具有的价值。微店商家必须意识到，产品的价值不仅仅包括它的使用价值和交换价值，还包括它的情感价值，当微店商家在产品中注入情感关怀的时候，消费者就会在产品上感受到情感价值，继而对微店和产品产生认同感。

（1）商家要善于为产品注入正能量。微店自身生产的产品，除了在设计环节要注重外形上的精美外，还需要在文化上为产品注入一股正能量，让这种正能量变成产品的一种文化和情绪符号，以让消费者在看到产品的时候就想起这种正能量符号，继而影响到情绪，让内心变得阳光自然，让整个人都充满干劲，积极向上。

华为在设计和营销“荣耀”系列手机时，就为其注入了“勇敢做自己”的正能量精神。华为专门推出了一部《勇敢做自己》的短片，面向广大消费者群体，特别是年轻人，宣传华为“荣耀”系列手机中融入的阳光和奋发精神。正是因为“荣耀”系列产品包含的这种积极向上的正能量，再加上新颖别致的外形设计，让其自问世起就备受广大青年的关注，成为华为手机中的畅销产品（见图 9-10）。

图9-10 正能量满满的华为广告

（2）“新”也是一种情感。心理学上有一个“贝勃定律”，说的是当一个人经历了强烈的刺激之后，再次经历的刺激对他（她）来说也就变得微不足道了。也就是说，第一次的大刺激能够冲淡第二次的小刺激，如此循环往复，最终个人也就感受不到最初对某人或者某物的激情了。比如一个人购买了一台笔记本电脑，第一天他会欣喜不已，爱不释手；第二天他会愉悦地网上冲浪，看信息，玩游戏；第三天、第四天、第五天，他便会心情平静下来，一年之后就会视若无睹，渴望一台更新的电脑了……

既然人人都有“喜新厌旧”心理，那么微店商家就要在创新上做文章，多推出新产品，用新功能来俘获消费者的“芳心”。如此，商家才会不断向前，获得消费者的持续关注，继而积聚起巨大的人气，成为消费者心中的“偶像”，最终获得巨大的市场份额，树立起良好的口碑。

（3）为消费者营造一个梦想。对微店商家来说，自身拥有的产品在设计阶段，应该善于创新，为消费者营造一种未来生活，帮助消费者圆梦。假如商家能够帮助消费者营造一种梦想，并帮助他们圆梦，那么微店商家无疑就在消费者心中树立起了光辉的形象，让其为之痴迷和疯狂。同样的道理，假如微店商家没有自己的产品，在选择代理的产品时，就应选择那些梦想型产品，能够让消费者圆梦的产品总会成为人们追捧的对象。

9.9.3 意向引导

“罗马”非一天建成，一家深受消费者喜爱的微店也不可能一朝一夕就建设好，它需要时间的沉淀，需要商家日积月累的投入和经营。对微店商家来说，想要尽可能地留住消费者，提升微店销售额和利润，就必须用心做好微店客服，引导消费者完成产品购买。那么微店商家具体需要怎么做呢？

（1）设置好咨询自动回复功能。很多消费者在购买产品前倾向于向商家咨询产品的具体性能，这个时候微店商家一定不能吝啬文字，只有详细地阐述产品各项参数，让消费者满意，对方才会下单购买。但是微店商家不可能一天 24 小时都守候在计算机和手机前等待消费者提问，这个时候就需要设置好自动回复功能，消费者在第一时间收到商家的回复。这样消费者就不会因为得不到任何回应而心生恼恨，而且有技术开发能力的商家还可以设计一个“智能机器人”，和消费者进行对话，充当消费者“解闷”的工具，为消费者提供简单的娱乐（见图 9-11）。

图9-11 自动回复机器人

（2）引导消费者坚定购买信心。很多消费者由于对微店不怎么熟悉，可能在开始的时候所提的问题显得“无厘头”或者比较尖锐，比如一些消费者会对商家说“穿上这类衣服会显老”这类的话语。面对这类消费者，微店商家先不要忙着下结论，而要弄明白消费者对哪个商品有了“情义”，在全面掌握情况之后，再针对消费者的问题给出具有参考性的回复。比如服装微店商家可以在了解消费者的具体尺码后，在有货的前提下再和消费者互动，以免浪费半天时间结果却发现没货了，那样消费者必定会心生厌倦。

一般而言，消费者对某件产品比较感兴趣时，即使页面上对产品的描述很详细，也还是习惯于和商家或者客服直接沟通，询问一些具体的信息。特别是女性消费者，她们一般都比较感性，喜欢直接交流，这个时候商家一定不能搪塞，要热情地回复消费者的疑问，让消费者感受到你对产品的信心，并且很负责，有耐心。这样微店就能在消费者心中获得完美的第一印象，继而为之后的进一步引导奠定良好的基础。

拍下商品不等于万事大吉，商家需要及时跟进消费者完成付款。微店商家会遇到一些消费者，他们虽然拍下了某件产品，却没有立即付款。这时微店商家需要主动联系消费者，了解他们没有立即付款的原因，并针对不同的问题采取不同的引导策略，促使消费者付款。

比如一些消费者原本是想买下某件产品的，但是在拍下产品之后又在网上比价，购物的决心因此动摇，微店商家就需要及时与其沟通，可以给予适当的优惠，比如买一送一，送小礼物，等等，用额外的利益诱导消费者付款。这样很多感性的消费者就会放弃继续比价，选择直接付款。

9.9.4 用耐心和细节打动用户购买

微店商家想要用情感打动消费者，首要的一点就是在耐心和细节上做文章，因为情感更多地表现在微店商家的耐心和服务的细节上，做好了这一点，就会在消费者心中留下良好的印象，更容易打动消费者，促使他们下单付款。

（1）耐心回答消费者的问题。微店商家针对消费者提出的问题，不管多么幼稚，或者多么烦琐，都需要耐心以待，温和亲切地回答对方，直到对方满意为止。在商家表现出耐心之后，消费者看在眼中，暖在心里，会无形中被这种耐心所感染，进而爽快地下单购买。

王小姐想要在网上购买一件连衣裙，经过反复比较，选中了两家微店。由于之前她很少在微店购物，对微店不是太熟悉，所以在购物的时候比较仔细，在下单之前分别用微信跟两位微店店主进行了沟通。在王小姐向两位店主询问是否能够在产品价格上给一些折扣时，一位店主的回复是："自己看商品详情，谢绝还价！"而另一位店主则表现出了足够的耐心，说道："尊敬的顾客，您好。这件连衣裙卖这个价格利润其实已经很低了，你可以和其他店铺同款产品比较一下，我这儿的价格绝对是最低的。这样好不好，咱们一回生二回熟，消费者都是上帝般的存在，以后你要是再来我微店买衣服，我统统给您打九五折，怎么样？"王小姐为后一家微店店主表现出来的耐心所感动，毫不犹豫地选择了后一家微店，立即下单付款。

从上面的案例可以看出，两位微店店主都没有同意王小姐的折扣要求，但是最终的结果却大相径庭，这是为什么呢？最主要的因素就在于店主在和顾客沟通时的态度，前一位店主没有任何耐心，而后一位店主则表现出了足够的耐心，礼貌地回应顾客的要求，给予顾客上帝般的礼遇。

（2）推荐顾客最需要的产品。微店商家在和消费者沟通时，想要让顾客及时付款，并且发展稳定的买卖关系，就要真心实意地为顾客打算。特别是在向顾客推荐产品的时候，商家要站在顾客角度上推荐他们最需要的产品，而不是从自己的利益出发，推荐利润最高的那款产品。要知道顾客不是傻子，假如你总是利欲熏心，不顾顾客的实际需求，诱导顾客购买最贵的那款产品，次数多了，必然会被顾客发现并厌恶，最终自砸口碑。

董辉经营着一家微店，她在营销过程中就很善于向消费者推荐他们最需要的产品。

在顾客希望购买更多产品的时候，董辉不会从自己的立场出发，而是站在顾客的立场上，引导他们不必购买那些不需要的产品，推荐给他们最适合的产品（见图 9-12）。

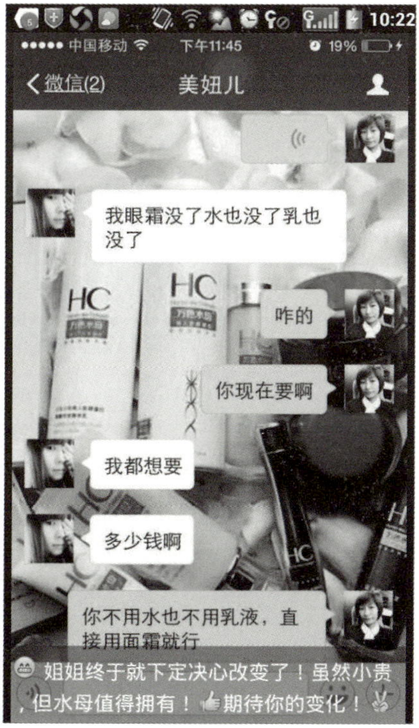

图9-12　向顾客推荐最适合的产品

（3）增值服务是打动消费者的最大细节。向消费者提供增值服务是微店商家做好细节的重要体现，商家想要俘获消费者的心，服务必须跟进，让消费者满意，买得舒心放心。假如微店商家能够进一步改善服务，扩展服务范围，减免收费事项，就能给消费者留下好印象，商家自然也就能凭借多出来的种种服务在细节上赢得消费者的认可，树立起口碑。

第 10 章

化粉为利，搞定粉丝等于二次交易

“互联网 +”时代的商业行为本质上就是粉丝经济，谁拥有更多的粉丝，谁能够获得粉丝的信任背书，谁就能牢牢占领住市场，获得粉丝红利。假如微店商家能够吸纳大量的粉丝，并能熟练地掌握转化粉丝成为买家的方法，那么微店的人气自然会高涨起来，打造爆款的条件也就成熟起来。

10.1　产品独特让用户叫好称赞

对商家而言，想要让产品有更多的粉丝，快速地提升人气，树立口碑，就必须给自身生产或经营的产品增加一些特色，让其保持独特性，以最大限度地吸引消费者的关注，提升消费者产品体验的满意度，继而给消费者留下良好的印象，将其转化为粉丝。

特别是在市场竞争日益激烈的今天，商家只有不断地根据市场需求去设计开发特色产品，引进独特性的产品，才能抓牢消费者的眼球，让消费者在体验中获得非同一般的感觉，继而提升微店在消费者心目中的总体印象和综合评价，最终赢得口碑，获得粉丝红利。现阶段，市场上产品同质化现象非常严重，微店商家只有保有与众不同的独特品牌，打造超出消费者期望的产品，才能使其成为市场上的爆款，成为消费者竞相购买的对象。

（1）好品质是基础。微店商家想要创造出有特色的产品，必须首先保证产品有一个扎实的品质基础。假如没有任何的品质做基础，那么产品展示出来的任何特色都是空中楼阁。一般而言，产品的品质分为 3 层：核心品质、边缘属性品质以及延伸属性品质。在这 3 层产品品质中，最重要的是产品的核心品质，也就是产品的功能、消费者购买到的产品使用价值的品质。比如手机能够满足人们通信交流信息的需求，其核心品质是通话清晰，音质优良，能够满足人们的各种娱乐需求。产品的核心品质是产品在市场竞争中生存和壮大的核心武器，更是为企业赢得良好口碑的基础。

1997 年，“苹果”因为经营不善濒临破产，乔布斯临危受命，回归苹果公司之后专注于苹果手机品质上的提升。他砍掉了 70% 的生产线，集中财力、人力专注于开发 4 款产品，在品质上狠下功夫，最终使得“苹果”扭亏为盈，起死回生。乔布斯要求在产品设计上尽量做加减法，外观上要简洁，内在的操作系统流程上要简化。这样就有了现在“苹果”充满审美观的靓丽外观。正是凭借着优异的好品质，“苹果”在产品、服务以及用户体验上都做到了极致，超越了用户的预期，打造出了让用户尖叫的产品（见图 10-1）。

图10-1　“苹果”手机

（2）既要功能，也要实用。一个产品，必须具备一个闪光点才能最大限度地吸引消费者的目光，引起消费者的称赞，而这个闪光点就是功能和实用两大特质。也就是说，商家生产或者引进的产品，想要拥有闪光点，产品本身就必须拥有能够帮助消费者解决具体问题的功能，或者相对于传统商品来说，能够帮助消费者节省更多的时间和精力。这样消费者在使用过程中才会体验到产品的特色，才会乐于告知周围的人，帮助商家和产品树立更好的口碑。一句话而概括之，就是消费者购买的不是产品，而是一种需求。

“小米”耳机在设计之初就坚持做一款大众流行的耳机，这款耳机虽然不是专业发烧友级别的耳机，但是它却能满足大多数用户的需求——足够好的声音（见图10-2）。也就是说“小米”耳机在设计之初就从功能和实用两个角度做了全面的规划，最终生产出来的产品也的确做到了这一点，最重要的是，小米耳机的售价只有99元。正是由于这样的高性价比、高功能性、高实用化，“小米”耳机成为大众抢购的爆款。

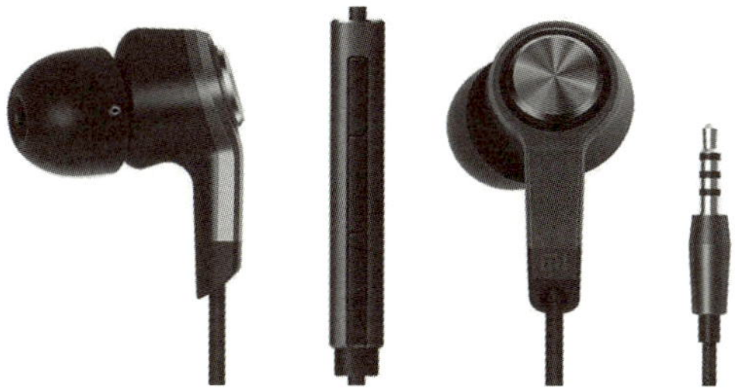

图10-2 “小米”活塞式耳机

（3）美好的外观总会吸引人的眼球。对消费者而言，关注一款产品，首先了解的必定是这款产品的外形。所以对商家而言，假如生产和销售的产品外形上有特色，极具美感，能够让人眼前一亮，在第一时间俘获消费者的内心，那么便能在很大程度上刺激消费者的购买欲望。

其实对消费者而言，一件外形美观的产品象征着身份，让人流露出时尚性。所以每件外形时尚、充满特色的产品都会激发消费者向别人展示的欲望。从这一点上看，时尚优美的外形设计也是产品自身特色中的一种。

（4）重视科技创新。移动互联时代，人们生活的方方面面都离不开科技，对商家而言，在产品的研发和引进中也一样。假如商家在产品设计研发过程中能够满足消费者更高层次的科技需求，那么在消费者内心中这种科技创新必然也会成为一种特色。实际上，很多商家已经在这方面为自己的产品打出了特色，比如耐克运动鞋给自己的产品加装了芯片，让普通的运动鞋充满了科技感。

所以商家必须重视产品的科技含量。一来包含高新技术的产品总能为商家赢得媒体和消费者的关注，获得免费的宣传。特别是新闻媒体，对新科技的关注度很高，假如商家能够为自身产品插上高科技的翅膀，那么在宣传上就不缺乏通道。另外，当商家产品包含有高科技因子时，能够为自身带来强烈的口碑效应。要知道，对消费者而言，追求更高和更新的技术是一种本能，一旦商家在产品中融入了高新技术，必然会引发消费者的关注，获得超高人气。

（5）高性价比。对消费者来说，用最低的价格购买到最好的产品，堪称最完美的购物体验。微店商家必须意识到，对大众消费者而言，价格依然是消费过程中最敏感的因素之一。而且随着市场经济的发展，消费者在消费过程中变得越来越理性，价格也成为消费者选择产品的重要考虑因素，同等质量的前提下，价格越低，消费者的购买欲望就越大。

一般而言，微店商家在制定产品价格时需要考虑下面几个因素：产品的成本、消费者承受的能力、同类产品的价格策略、目标群体的总体消费水平。商家可以通过划分不同的档次，采用组团的方式提升产品的性价比。比如用低价产品带动销售数量的增加，用中档产品带动利润的增长，而高价产品则可以帮助商家树立起好品质的形象。

10.2 提供多元化服务

微店商家向消费者提供的服务越多,对消费者而言能够享受到的增值服务就越“丰富”,购物体验就越满意。如此一来,就会有更多的消费者被微店的多元化服务所吸引,成为微店的粉丝。也就是说，微店提供的服务多元化与否，在很大程度上决定了消费者对微店的认可度，决定了微店的人气。

（1）咨询服务要做好。对微店商家来说，咨询服务是向消费者提供的一项非常重要的服务。微店商家必须要明确的一点是，这种咨询服务不仅仅局限于消费者对店内产品的了解，还应该包括消费者对自身所需产品的总体咨询，比如什么产品最适合，应该怎么使用，注意什么问题，等等。也就是说，微店商家应该成为消费者的免费咨询专家，尽可能地为消费者提供各种解决方案。

（2）提供简单的娱乐。微店虽然以销售产品为主要功能，但是假如能够提供简单的娱乐，让微店带有愉悦性功能，那么就能很好地吸引粉丝，为微店聚集人气。现阶段，人们的生活和工作节奏非常快，导致人际关系变得相对淡薄，人们内心普遍孤单。假如微店能够提供简单的娱乐，让人们无聊郁闷的时候产生愉悦感，那么就能很大程度上吸引粉丝，提升微店的人气。

长虹微店通过和腾讯合作，将自己旗下的主流产品包装成了性格各异的微信机器人，这些机器人通过自有设置的关键词回复功能，能够最大限度上和微信粉丝进行点对点互动。消费者在无聊的时候，随手给微信机器人发一句“真郁闷”，看到微信机器人“听到啦听到啦，相当不错哦”这样的无厘头回复时，消费者的心情也会好起来（见图 10-3）。

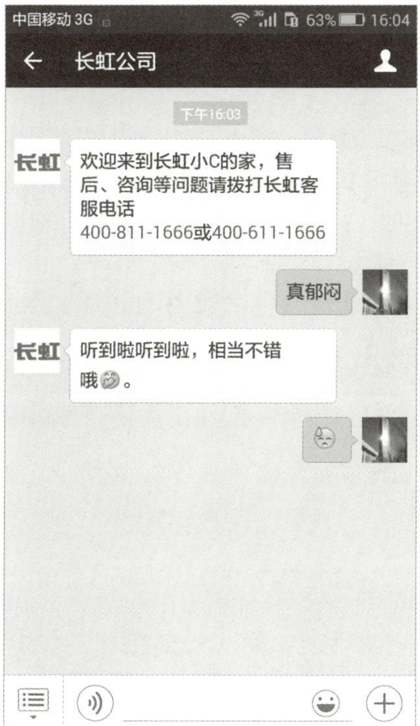

图10-3　长虹公司机器人可以提供简单的娱乐

（3）售后服务突出一个“快”字。对微店商家而言，提供多元服务，售后是一个不能忽略的环节，而想要做好售后服务，就必须掌握“快”字诀。喜欢看武侠小说的人都知道，在武侠功夫体系中，流传着这么一句话——天下武功，唯快不破！意思是说，天下的任何武功，只要招式速度上去了，那么习武之人就天下无敌了。其实这句话所讲的道理同样适用于商家的售后服务，想要做好做精，做到客户的心坎里，商家售后服务的速度就必须够快，能够在第一时间解决用户的疑难问题。

对消费者来说，商家空喊“快”的口号，听多了已经渐渐麻木，而对那些听得到、能够真真切切感受得到的“快”的创新服务，他们则会在体验中难以忘怀，为之拍案叫绝。立即响应的商家售后服务会让消费者拥有一个难忘的购物体验，帮助微店快速提升人气，树立起口碑。

10.2.1 人性化服务

所谓人性化服务，其核心就是以人为本，为用户提供最优良的服务，并具人文关怀，从而显著地提升用户购物的满意度，继而提升用户对微店的满意度，最终达到提升微店销售利润的目的。

（1）揣摩粉丝的需求，迅速回应消费者的关切。当今，移动互联网市场竞争日趋激烈，特别是对微店商家来说，谁赢得了粉丝，谁就赢得了市场，赢得了未来，而人性化的服务在这场粉丝争夺战中无疑是微店商家手中最大的利器。那么怎么才能向用户提供人性化的服务呢？微店商家想要精准地提供人性化服务，一个最主要的前提就是揣摩粉丝的需求，知道粉丝需要什么，这样才能有针对性地提供服务。

假如消费者需要提供答疑服务，商家就需要随时随地和消费者沟通，提供 24 小时在线服务，不能让消费者等待，也不能用“晚上”“明天”之类的词语推脱；假如消费者购买的产品出现了问题，微店商家就要立即做出反应，提出具体的解决方案，直到消费者满意为止。只有了解消费者的需求，并立即做出反应，微店商家才能在消费者面前彰显出最大的人性服务意识。

（2）娱乐化。人性关怀不仅局限于在产品方面的咨询以及迅速回应消费者的关切上，还应该包含愉悦功能，让人们在无聊的时候能够开怀大笑，在伤心的时候能够被阳光所环绕。销售燕窝的著名微店“燕格格燕窝”显然也很善于向消费者提供简单的娱乐，其推出的“格格冷笑话”系列笑话成为人们期待的“热点”，极大地提升了微店的人气，带动了微店产品的销售（见图 10-4）。

图10-4　令人忍俊不禁的文案

（3）变身情感、美食、旅游等“多栖”专家。现阶段，随着生活节奏的不断加速，人们在工作和生活中会遇到越来越多的问题，但是身边却缺少倾诉的对象，因此在情感上变得越来越压抑。提供人性化服务的微店，除了销售产品、提供服务之外，还应是人们寻找内心宁静的港湾。微店可以提供一些情感、哲理、美食、旅游方面的信息文章，供消费者闲暇时阅读消遣。

10.2.2　与用户成为朋友

微商想要最大限度地获取粉丝红利，就必须抛掉“一次性”交易的想法，和粉丝做朋友。智慧的微商明白，只有和粉丝做好朋友，粉丝才会购买产品，并且乐于向身边的亲朋好友推荐你的微店，免费帮助你推广产品。这样一传十、十传百，微店的名气才会越来越大，而名气大了粉丝自然就多，这样良性循环下去，生意自然也就红火起来了。

（1）用互动“俘获”客户的心。很多人都有这样的体会，闲暇时，拿起手机登录微信，饶有兴趣地观察好友们的微信朋友圈，你会发现大部分人的朋友圈冷清寂寞，一点生机都没有。其实之所以会出现这种情况，一个最主要的原因就在于缺乏互动，缺少话题，最终彼此间成了什么话也不说的“陌生人”。和用户做朋友也是这样的道理，想要加深彼此间的情感，就必须主动积极地和别人互动，比如拉拉家常，做好产品服务跟踪，等等。微商只有积极主动地和消费者互动，才能和消费者熟悉起来，继而成为好朋友（见图 10-5）。

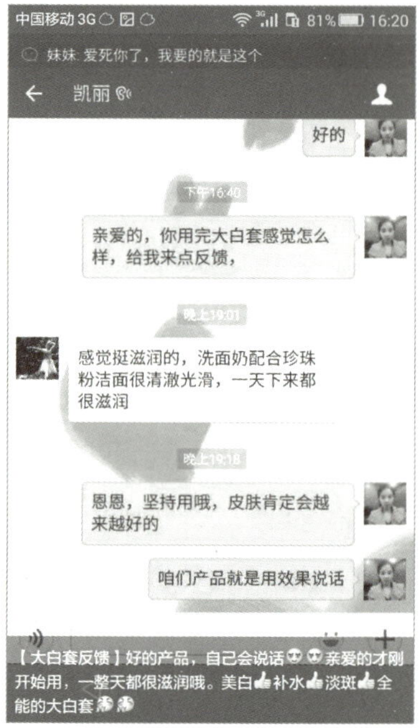

图10-5　主动和用户互动

（2）共同话题让彼此间情感更进一步。微商想要和尽可能多的用户做朋友，织就一张良好的人际关系网络，就必须懂得如何和别人沟通。很多微商在沟通的时候通常会遇到这样的尴尬：说了很多话，对方却没有什么回答的兴趣，冷场了。那么为什么会出现冷场这种让人尴尬的事情呢？

很多微商习惯侃侃而谈，产品、生活、工作，等等，但是这些言语始终都是围绕着他自己展开的，虽然他觉得自己讲的话很不错，很有吸引力，但是在别人眼中，却没有多大的吸引力，因为那些话语并不是他们感兴趣的话题，说得再多，也引不起他们搭话的积极性。

在心理学上，有个喜好效应，即要想得到别人的好感，就必须迎合他人的喜好。所谓喜好，即兴趣爱好、审美观、价值观等。只要是对方喜欢的东西、认同的东西，你在他面前表示认同、支持、欣赏，并有意与他谈论这些，对方就会对你充满好感。

（3）成为群体中最抢眼的那一个。想要维护好稳定的客户关系，和客户做朋友，微商还需要增加自己的魅力，让用户主动和你互动。也就是说，微商必须够活跃、有魅力，产品活动多，才能吸引别人的眼光，让别人有兴趣长久地关注你，继而长期购买你的产品。微店商家可以在微信朋友圈、QQ 群等社交平台展示自己的魅力，吸引大家的关注。

比如现在在朋友圈里刷屏卖货的个人账号大都被人所“厌恶”，这种刷屏行为并没有让他成为朋友圈最抢眼的那个人，反而严重破坏了微信的用户体验，演变为各种垃圾信息甚至是骚扰信息。你可以多发一些娱乐性、科普性的帖子，组织一些线下活动，尽量增加“露脸”的机会，久而久之，你就会成为别人眼中的积极分子，成为用户乐于结交的对象。

10.3 积极互动，更好地为粉丝服务

对微店商家而言，想要最大限度地将粉丝转化为红利，就必须学会和粉丝打交道，最大限度地拉近自己和粉丝心灵间的距离。只有和粉丝关系亲密了，获得了粉丝的好感和信任，微店才会在粉丝心目中获得一个相对重要的位置，成为粉丝购物时的首选。而微店商家要做到这一切，就需要从及时回复粉丝做起，尽量及时回复每一位粉丝的问题。

（1）及时回复，了解粉丝的期望。商家应及时回复粉丝提出的问题，和粉丝进行积极互动，在沟通中了解他们对产品的具体期望是什么，之后才能将资源和精力投入到粉丝真正需要的方面，赢得口碑。

山东航空公司曾经面向消费者做过一项调查，相对于其他服务，消费者最期

望的还是降低票价。比如很多短途旅客并不怎么期待免费餐。所以山航在其微店中开展了秒杀活动，推出特价机票，最大限度地回应了消费者的期望，提升了自身的口碑。

（2）根据粉丝的期望值进行自我完善。商家通过各种调查了解到粉丝的期望值后，可以对相应的产品和服务进行及时调整，使之更契合消费者的期望。也就是说，比如在粉丝最期望的方面自我加压，进行突破，最大限度地满足粉丝，这样才能提升粉丝的满意度，树立口碑。

（3）重视粉丝中的"消费领袖"。移动互联网时代，每个人都能成为明星，每个人都可能成为万众瞩目的焦点。就个人而言，在日常生活中，能够拥有一个粉丝群，成为群体的领袖，大家一起谈天说地，享受被簇拥的快乐，是非常有趣的事情。但是，假如我们将它放在市场经济的大背景下，就会惊讶地发现，粉丝也能产生巨大的经济效能，而粉丝中的一些"领袖"更因为有着巨大的影响力而变得举足轻重，能够帮助商家顺利地展开口碑营销，让更多的粉丝加入到赞美企业品牌、购买产品的行列中来。

（4）优先处理浮出水面的需求。商家在和粉丝进行互动后，也许会惊讶地发现，粉丝的意见数不胜数，不管是意见也好，求助也罢，不可能在第一时间内反馈。这个时候就需要企业迅速地归集用户的意见，总结归类，优先处理用户最迫切的需求。这样才能在第一时间内满足需求最迫切的那部分用户，迅速地树立起口碑，并最终获利。

10.4　记得回访用户，了解用户后续反应

商品销售出去并不等于商家和消费者之间的关系就终结了，对聪明的微店商家而言，第一次交易仅仅是开始，第二次，第三次，以至于第 N 次……这样一来，稳定的消费群体才能为微店带来红利。想要获得回头客，最大限度地获得粉丝红利，微店商家必须做好服务，而回访用户、了解用户的后续反应则是一个非常重要的服

务方面。

对微店商家而言，可以通过哪些途径回访用户，及时了解用户的后续反应呢？

（1）电话了解。用户在微店购买产品时，会留下具体的电话号码方便商品邮寄。微店商家可以将用户的姓名和电话收集在一起，形成一个详细的用户通讯列表。当用户收到商品后，微店商家应及时打电话联系用户，了解商品是否安全到达，使用起来是否满意。这样消费者就会感受到商家的关心，认为商家有人情味，有责任心，对微店的好感自然也就直线上升。当消费者反映商品在使用过程中出现问题时，商家应该及时履行退换货承诺，以最快的速度解决问题，最大限度地提升消费者的购物满意度。

（2）微信了解。相对于电话回访的快速直接，虽然微信在时效性上有落差，但是却具有电话所不具备的时尚性和流行性——微信已经跃居为现阶段人与人沟通交流的最流行社交平台，用户基数庞大，并且具备信息实时到达的精准性特点。所以微店商家在对商品用户进行回访的时候，不妨专门建立一个产品回访微信群，集中了解用户在商品使用过程中遇到的问题。另外，微店商家也可以利用朋友圈做好回访工作，将自己的朋友圈“改造”一下，变成“用户圈”，这样大家就可以随时随地进行沟通交流。

（3）QQ 回访。QQ 也是现阶段人们普遍使用的社交软件，微店商家可以利用 QQ 对用户进行及时回访，了解他们在商品使用过程中遇到的问题，快速地做出回应，最大限度地提升用户的满意度。在使用 QQ 进行一对一回访的同时，微店商家也可以建立多个 QQ 群进行一对多回访，集中了解用户在商品使用过程中遇到的问题，宣传微店的售后服务政策，快速地为用户提供退换货服务。

（4）收集问题，不断完善。不管微店商家通过什么样的途径和用户进行沟通，最终的目的还在于不断完善自己，成为用户眼中的明星店铺。所以针对用户在商品使用过程中遇到的各种问题，微店商家需要耐心地收集处理，不断总结经验教训，查找自身服务的漏洞，更好地为粉丝服务。只有这样，用户的购物体验满意度才会增加，才更乐于在店铺内购物。

10.5　给用户金钱诱惑让他帮你“卖”商品

微店商家想要将粉丝转化为红利，除了最大限度地吸引粉丝关注，加强同粉丝之间的情感联系，让他们进行信任背书之外，还可以给他们金钱上的诱惑，让他们帮助商家“售卖”产品。那么微店商家可以通过哪些方法和途径，让用户帮助自身售卖产品呢?

首先，微店商家可以通过微店“营销推广”功能支付佣金，鼓励用户帮助自己售卖产品，具体操作步骤如下。

（1）登录微店 App，点击“营销推广”（见图 10-6），进入“营销推广”界面（见图 10-7），点击“分成推广”选项。

图10-6　微店App中的“营销推广”

图10-7　微店“营销推广”界面

（2）执行操作后，进入“分成推广”界面（见图 10-8），点击“同意”按钮。

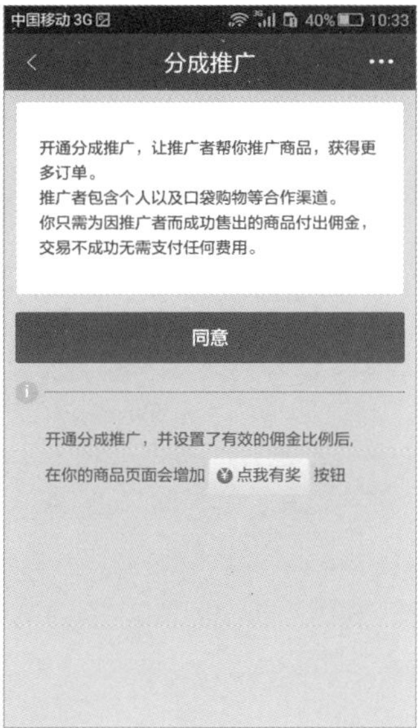

图10-8 “分成推广”界面

（3）执行操作后，进入“设定佣金比例”界面（见图 10-9）。店主可以选择支付给帮忙卖产品用户的佣金比例，然后点击“确定”按钮，弹出“确定对所有商品设定佣金比例”确认框（见图 10-10）。点击“是”，操作完成（见图 10-11）.

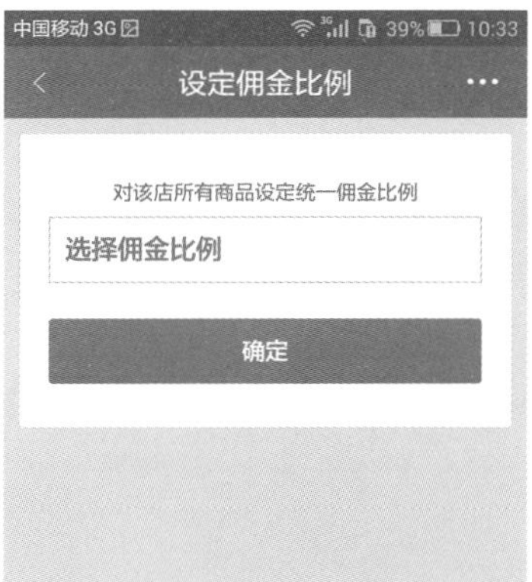

图10-9 “设定佣金比例”界面

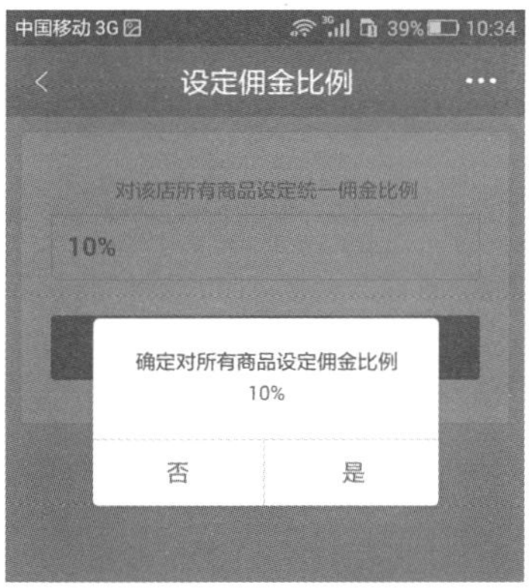

图10-10 设定佣金确认提示

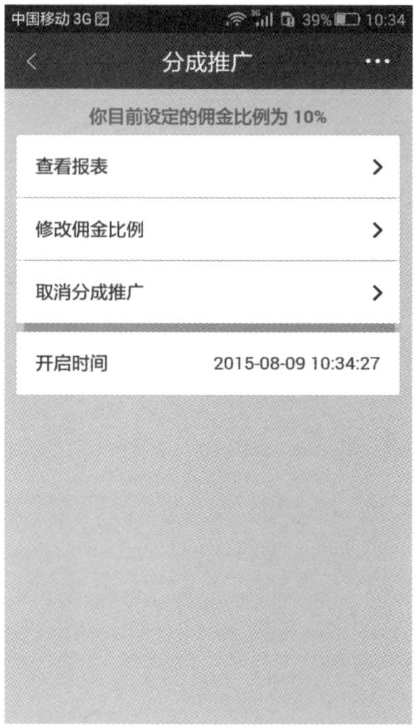

图10-11　设置完成后的“分成推广”界面

其次，锁定“粉丝领袖”，达成合作协议。对微店商家而言，锁定粉丝中的“意见领袖”，和其达成合作协议，让其帮助推销店内的产品，是一个非常不错的粉丝转化为红利的方法。微店商家在和粉丝“领袖”进行合作的时候，可以借助粉丝“领袖”众多的粉丝基数推广自己的产品，让更多的人了解产品，登录微店购买产品。

最后，微店商家可以鼓励用户代理产品。让用户代理微店商品，在别的微店平台和社交群中推广产品，赚取产品差价，对粉丝来说也是很大的诱惑。微店商家可以适当地降低代理的拿货价，通过返利的方式让更多的人加入到代理队伍中来。

第 11 章

微店服务，没有完美只有更美

很多微店商家存在着这样一种认识误区：微店是虚拟的，不需要什么服务。这种认识误区对微店经营来说是非常危险的，在粉丝经济时代，微店经营的商品大同小异，服务成了消费者衡量产品的重要指标——谁的服务更便捷、更完善，谁就会获得更多消费者的认同，卖出更多的产品。基于此，微店商家必须在服务上下功夫，打造出属于自己的“金牌”服务，以此提升人气，树立口碑。

11.1 购物流程要顺畅

微店商家要设计一个流畅的购物流程，这样消费者在购买产品的时候才会觉得自然，能顺畅地完成商品的选购，最终完成支付，确认交易。假如微店商家购物流程不顺畅，导致消费者在购物过程中感觉烦琐或者别扭，就有可能导致消费者最终打消购物的念头，导致交易流拍。所以微店商家一定要要保证购物流程的顺畅性，为消费者提供优质的购物服务。

通常顺畅的购物流程包括以下几点。

（1）进入店铺。消费者想要购买某种商品的时候，会在手机 App 登录微店（见图 11-1），在搜索栏中输入自己想要购买的产品（见图 11-2），在搜索信息中选择最中意的产品，点击之后就会进入微店页面。当然，假如消费者为常客，会通过扫描二维码或者输入具体网址直接进入微店商家的店铺选购产品。

图11-1 用手机App直接登录微店

（2）选择商品。在消费者进入微店商家店铺之后，接下来就可以选择自己想要购买的产品了（见图 11-3）。假如店内产品比较多，商家最好设置商品分类，这样可以让消费者方便地通过分类筛选商品，快速地找到自己想要购买的宝贝。

图11-2　在微店搜索栏搜索想要购买的产品

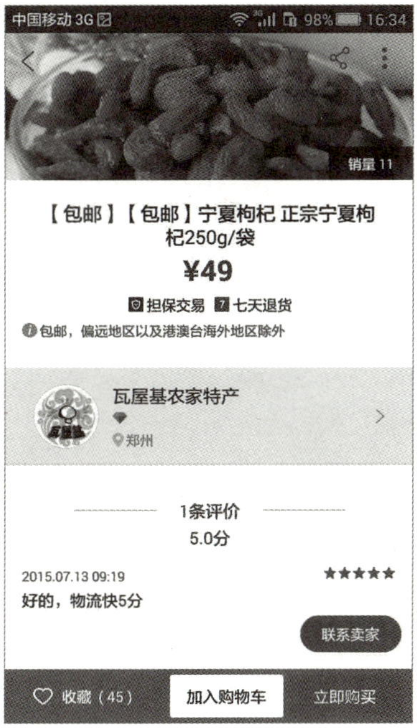

图11-3　选择要购买的产品

（3）设置收货地址。确定好想要购买的产品之后，消费者点击“立即购买”按钮，就会进入“选择商品型号”页面（见图 11-4），选择好想要购买的产品型号和数量，点击“立刻购买”按钮，会进入产品购买确认页面，供消费者核对订单数据（见图 11-5）。核对无误后点击“去结算”按钮，就进入设置“收货地址”界面（见图 11-6），填写完整的收货地址。

图11-4　选择商品型号

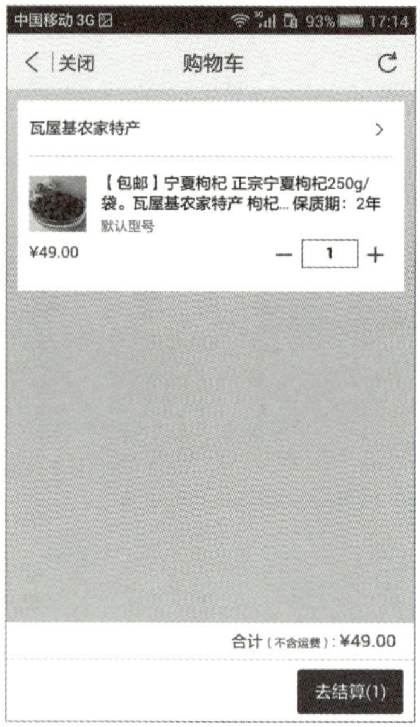

图11-5　确认产品订单

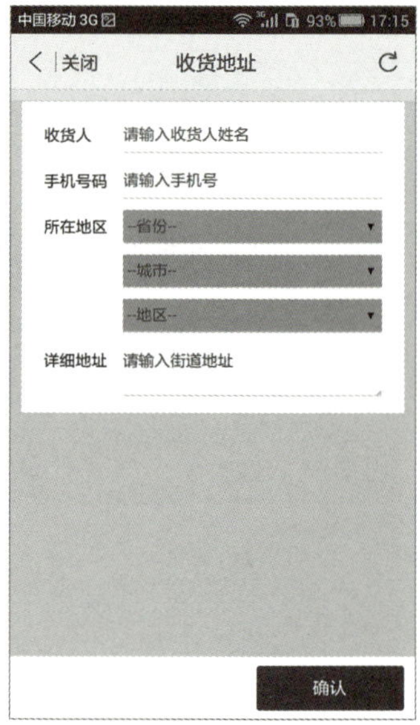

图11-6　填写收货地址

（4）下单支付。设置完收货地址后，买家就可以进行支付了。在“收货地址”界面点击“确认”按钮就会进入“收银台”界面（见图 11-7），商家应该尽可能提供多样性的支付方式，给消费者更多的支付选择，让消费者顺利地完成支付。消费者根据自身情况点击相应的支付方式，完成支付，整个购物流程就结束了。

图 11-7　支付货款

11.2 支付方式要多样

想要让买家有一个愉快的购物体验，最大限度地提升产品的成交率，微店商家就必须保证支付方式的多样性，不能局限于一种支付方式。否则就会出现消费者因支付方式和商家所提供的支付方式不匹配而弃购的“悲剧”。那么微店商家需要在哪些支付方式上下功夫，力争最大限度地满足消费者的支付要求呢？

（1）担保交易。所谓担保交易，是指买卖双方使用第三方担保账户完成交易的全新交易模式。担保交易很好地解决了买卖中的信用问题，买家在购物时先支付相关费用到第三方担保机构账户，收到货物确认没有问题之后，再通知担保机构付款给商家。目前，国内担保交易除了银行的信用卡之外，还有支付宝、PayPal、盛付通、国付宝、百付宝、网付宝等，其中微店 App 主要用到支付宝（见图 11-8）、信用卡以及财付通 3 种方式。微店商家应该尽力实现这 3 种支付方式，方便消费者付款。

图11-8 支付宝

（2）货到付款。 在微店购物中，货到付款是指由快递公司代收买家货款，货物先送到买家手中，买家验货完毕之后再向送货员交付货款的付款方式。通过这种付款方式，买家在付款之前能够先检验产品的真伪、完整度、质量等情况，假如货物出现某些问题，买家可以在表明理由之后拒绝付款。这种付款方式符合传统买卖中的“一手交钱一手交货”的观念，消费者在购买大宗物品或者高价值商品时通常会希望通过货到付款的方式支付货款（见图 11-9）。

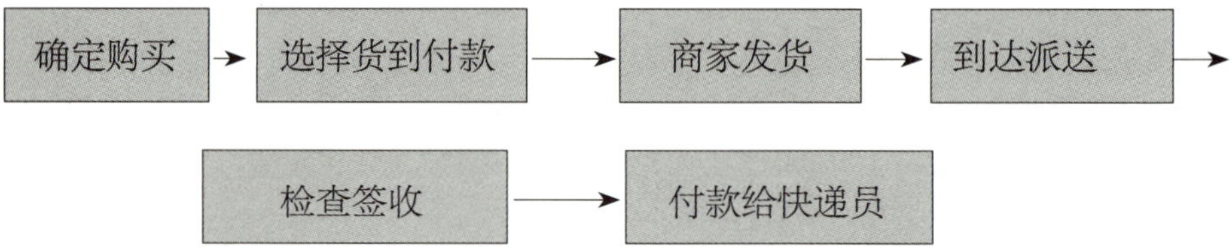

图11-9　支付货款

（3）直接到账。 微店交易直接到账就是买家下订单之后直接将货款转入到卖家账户中的付款方式，采用这种付款方式的买卖双方一般为朋友或者熟人，彼此比较信任。对商家而言，直接到账可以避免担保交易中转账的麻烦，而且不影响资金到账的时间（见图 11-10）。

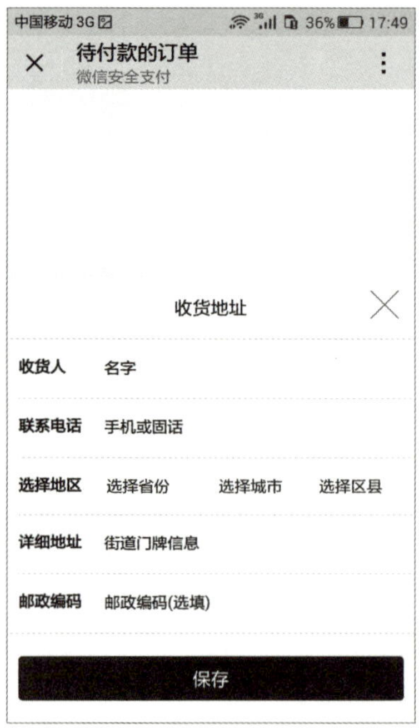

图11-10　直接支付货款

11.3　人工客服要时刻在线

人工客服是商家和消费者沟通的重要途径，也是消费者能够享受到的最直接、最方便的服务窗口。微店人工客服在不在线，能不能在消费者提出问题后立即给予回应，是影响微店在消费者心中形象好坏的重要因素：立刻响应的微店客服总能让人心情愉悦，反应迟钝甚至是久等不见回音的客服总会让消费者郁闷甚至气愤，最终丧失购物的热情。

（1）第一时间响应消费者的诉求。现阶段，所有的微店都配备了人工客服，系统专业地回复消费者的疑问和诉求，为广大消费者提供咨询、售后等多元化服务。从服务角度看，人工客服效率的高低也在一定程度上影响着消费者对微店产品的印象。为此，微店商家为了能够留给消费者良好的第一印象，就必须在“快”上做文章，在消费者提出疑问后第一时间响应

（2）人工客服要 24 小时在线。对微店商家而言，面向消费者的服务绝对不是可有可无的，而是必须有的，必须做好做精，因为它关系着消费者对微店主观认知的好坏。为此，微店商家必须在人工客服上下功夫，组建专门的客服队伍，健全工作机制，轮班坚守客服岗位，确保全天 24 小时在线，这样一来，消费者不管在全天什么时段联系客服，都会得到及时回应，时间久了，就会给消费者一种家的感觉，微店商家也就能够借此快速地在消费者群体中建立起信任关系，树立起良好的口碑。

（3）将消费者当成家人。人工客服与机器人客服相比，最大优势就是人性化，服务态度好。24 小时在线不等于 24 小时敷衍消费者，其真正的目的在于 24 小时向消费者提供详细的咨询服务，回应消费者的关切。只有将消费者当作家人，客服人员才能全心全意地服务于消费者，做到耐心、细致，继而换来消费者的认可，提升微店在消费者心中的好感。

11.4　退换货要及时

消费者在收到产品后可能会因为种种原因要求退换货，这个时候微店客服一定要及时响应消费者的诉求，弄清消费者不满意的原因，该退的退，改换的换。只有及时响应消费者的诉求，才能最大限度地化解消费者因为购物满意度下降而产生的怨气，在消费者心中树立起有耐心、负责任的良好口碑。

（1）坚持无条件退换货。无条件退换货是微店商家给予消费者的最大服务承诺，也是坚定消费者在微店下单购物的信心良药。由于消费者在网购时无法在第一时间看到商品实物，所以对卖家普遍存在着一种不信任感，对商品的质量心存疑虑。假如微店商家在服务上做出“无条件退换货”的承诺，就会彻底消除消费者网上购物的疑虑，促使消费者敢于在微店购物，乐于在微店消费。由此可见，超前的服务理念会大大提升微店的人气，促进商品的销售。

（2）在“快”和“简单”上做文章。微店商家做出了“无条件退换货”的服务承诺之后，必须严格地执行，只要不是消费者故意刁难，就应该快速地响应其退换货要求，以最快的速度完成退换货程序。微店商家必须在“快”上做文章，让消费者觉得在微店购物比在实体店购物所能享受到的服务还多还好，更值得信赖，消费者就会成为回头客，并且还会积极向身边的亲朋好友推荐。

（3）赠送小礼物化解怨气。消费者满怀期待在微店购买产品，收到之后却发现产品不是自己想象中的样子，或者在运输过程中受损，或者出现了质量问题，这个时候微店商家除了要快速地无条件退换货之外，还需要表示某种歉意，或者赠送一些小礼物，以此化解消费者心中的怨气。比如在换货的邮件中附赠小礼品，表达歉意，这样能够让消费者感受到商家服务制度的完善以及诚意，对微店商家的信任也会进一步增加。

11.5 物流发货要到位

在微店购物过程中，物流是一个非常重要的环节，牵动着买卖双方的心，也是消费者衡量微店卖家服务是否优良的一个重要因素。所以微店必须高度重视物流建设，确保消费者购买的商品及时、安全地到达消费者手中。

（1）选择送达速度快的物流作为合作伙伴。对消费者而言，拍下商品之后，其最希望的就是能够最快地收到，在最短时间内看到产品的真容。针对消费者的这种心理，微店商家在选择物流合作伙伴时，要以“快”为准则，选择那些发货速度快的快递做合作伙伴，力求以最快的速度将消费者购买的商品送达消费者手中。

（2）微店客服要提前做好沟通。在消费者询问产品具体信息、表达出购物意愿之后，客服人员要主动询问消费者所在的城市，根据消费者所在的具体城市告知他们发货所用的快递。假如遇到很着急的消费者，要求商家保证几天之内必须送到，商家可以和消费者协商一下运费问题，采用空运或者加急快件的方式发货。

（3）在包装上下功夫，保证商品投递过程中的安全。和消费者沟通好商品发货使用的快递之后，微店商家要在产品包装上做好文章，力求产品安全地到达消费者手中。特别是针对一些易碎、易腐商品，微店商家应该做好防碰、保鲜等措施，保证产品送达到消费者手中的完好率。假如微店商家只注重速度却不重视产品的运输安全，那么快速送到消费者手中的商品就可能在运输过程中受损，继而降低消费者的购物满意度，使得微店形象和口碑受损。

第 12 章

案例分享，成功其实离你那么近

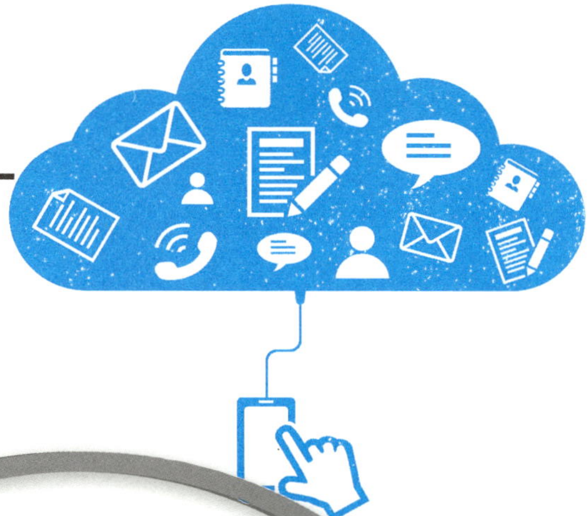

有道是“他山之石可以攻玉”，对微店新手来说，研究那些已经做出成绩的商家的经营策略和理念，体验那些高人气微店的经营格局，是非常有必要的。这样的研究和学习，有助于微店新手查找不足，学习先进的经营理念和高超的经营技巧，不断改进自己的经营活动，提升微店的人气。

12.1 韩束3个月销售量过亿

韩束是一个年轻的化妆品品牌，于 2002 年在上海创立。始终坚持用科学的力量发现自然元素，把广大女性对于养肤、美颜等方面的需求作为第一目标，同时还运用最前沿时尚的眼光结合更多传统的设计元素，打造完美的化妆产品。

在移动互联大时代中，韩束这个年轻的品牌更是积极追随潮流和改变自己的营销方式。微店让电商迎来了春天,韩束率先在微店营销方面开辟了渠道。2014—2015 年，韩束在微店中的营销成为业内的神话和奇迹传奇，因为韩束 3 个月就让微商的销售量过亿。这不但体现出了微商的大势，更给很多中小企业者带来深刻的启发。很多人也在纳闷，到底是什么让韩束如此成功？下面我们就来研究一下韩束的成功历程。

12.1.1 贩卖梦想的微店

在化妆品行业内，曾有专业人士说过一句话：“化妆品不仅仅卖的是产品，更是一个美丽的梦想。”韩束遵循这个道理，一路走来，贩卖的都是美丽的梦想。2014 年 9 月步入微商之后，这种梦想的贩卖更热切，通过微信、微店来将这份美丽传递了出来（见图 12-1）。

在微信上卖东西现在已经不是什么新鲜事，但是放眼朋友圈，微商仍然没有明确的一个规范，大都是快赚快闪的“闪电”产品。而韩束作为一个有品牌的企业，经历过传统营销、网络营销，走这条路似乎给用户更增添了一份保障。

随着互联网的发展，手机购物成为大势所趋，于是韩束加入了微商团队。不但在微信公众号中打通了营销等微商推广道路，更加入了微店“直”购物模式。尽管微店已经有那么多，但韩束凭借着贩卖梦想的精神和情怀，吸引了更多用户的支持。

在韩束微店中，每系列产品都有一个饱含梦想的名字，像“墨菊系列”“红石榴系列”等。比如墨菊本身具有温润清香的特性，添加一些墨菊成分在化妆品中，可以让产品更细腻清香。而墨菊这种花代表的内涵特点是朴质无华、端庄稳重，韩束将这种内涵融入产品中，凝聚起一份自然天成，飘逸出一份清绝的品格，让用户可以购买到一份美丽的品格（见图 12-2）。

图12-1　韩束微店图

12-2　韩束“墨菊系列”产品

12.1.2　微信推广热销爆款产品直接带动销售利润

从营销的角度来看，微信社交软件本身具有很强的媒体属性，对微店的推广来说，更能拉近与消费者的距离，同时也有利于为微店产品做推广和打榜。如今每天都有几亿人在微信上面寻求更多的刺激、体验、服务和产品，韩束便抓住了微信的庞大用户和黏性，于是借助微信来推广微店的热卖产品。

韩束申请了多个微信公众号，虽然分工不同，但都在每个微信公众号中积极热推自己的爆款、热销产品。这样无论用户关注的是哪个微信公众号，都能看到韩束微店的热销产品。

比如在韩束的一个微信公众服务号中，有一个“热销产品”的专栏菜单（见图12-3）。用户点击会看到关于韩束微店最新的热卖产品，比如面膜、BB 霜、防晒霜、热销套装等。细心的用户会发现，这个热销产品会根据季节、天气、销量等各种原因来变化，让用户可以第一时间买到最新、最爆款的产品。

这样精准的推广会让微店的爆款产品在销售上更“爆”，买的人多了，韩束的产品销量自然就上来了，而如此带来的便是实实在在的销售利润。

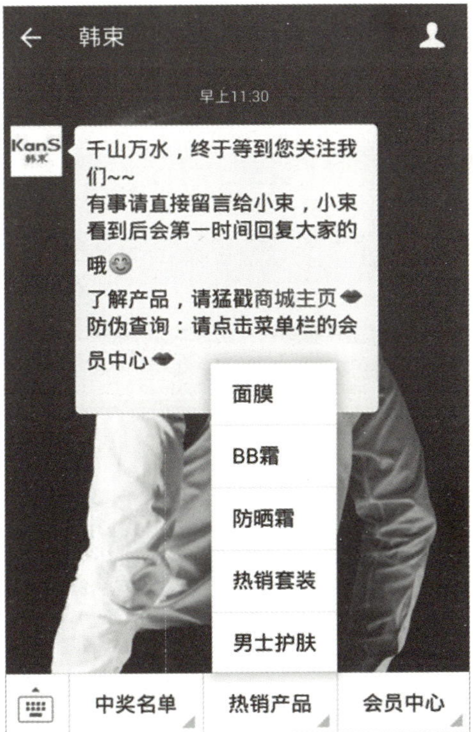

图12-3　韩束微信推广“热销产品”

12.1.3　积极发展代理分销，迅速积累利润

韩束微店之所以能够 3 个月销售量过亿，不仅依靠微店向粉丝售卖产品，更多的是由于韩束非常懂得巧妙利用分销商发展代理。韩束在走上微商之路时，首先想到的是

一定要发挥出企业品牌的优势。很多开微店的代理商，其产品几乎都没有品牌，甚至没有文化理念，这样分销商们就缺乏一定的安全感，而韩束恰恰弥补了这个缺陷。

韩束会对各个代理商进行专业培训，包括装修店铺、资源管理以及佣金明细等（见图 12-4），特别是佣金方面，韩束给代理商的佣金都很高，如一款面膜价格为 59 元，代理商如果开微店分销，拿到的佣金就是 29.9 元，可以说佣金丰厚，这一点能够在很大程度上吸引代理商加入（见图 12-5）。与很多微店代理“攒人头挣快钱”的方式相比，韩束采用的是选精英、建团队的稳扎稳打模式。这样一来，那些曾有过电商销售经验的人就会优先选择为总代，当然，总代的数量是有限的。在这期间，韩束会培训他们利用团队作战的方式快速在微信上找到有效资源，其实一开始代理商们的朋友圈有多少个好友并不是特别重要，关键是要学会整合资源，如何进行有效传播。

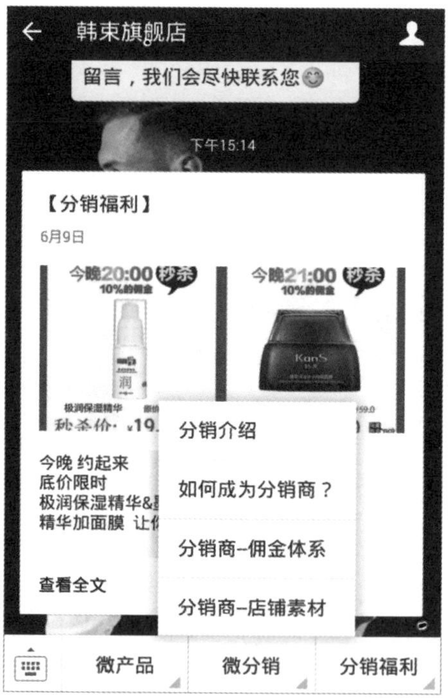

图 12-4 韩束“微分销”专业培训内容

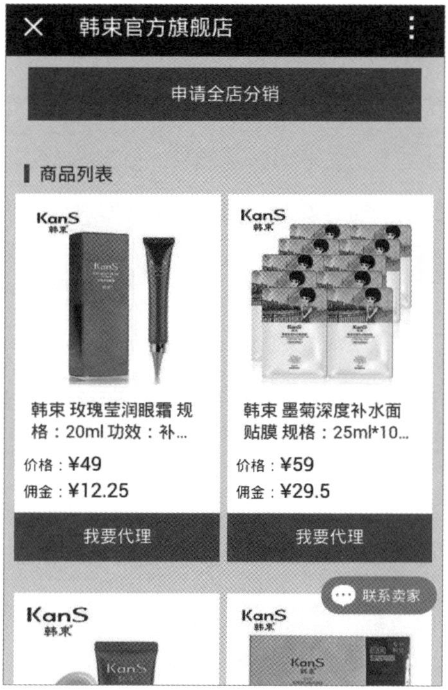

图12-5　韩束微店分销代理佣金丰厚

比如微信上有 1 万人在开微店卖韩束，一个人至少有 100 个好友，那么这个信息就会到达百万，乃至千万的真实用户面前。后期代理商还会进行营销整合，比如在朋友圈中发一些有效的推广、热销、抽奖、低价等福利信息，这样就比其他的渠道更好、更快。

此外，为了让代理商、分销们无后顾之忧，韩束微店在代理分销方面坚持走“人走货清”的模式。比如你想开微店，做韩束代理，那么韩束会给这位代理一批货，如果过一段时间，这位代理不做了，那么他微店里的存货可以全部退回韩束总店。这样就大大提高了代理们的热情，也让他们分销时变得更加积极。

有这些内外的推广和代理分销策略，韩束微店的销量怎能不过亿？可见，微店想要做得好，赚大钱，就应该多向韩束学习，借鉴它的成功模式，积极开拓创新。

12.2　海底捞火锅，成功涉足微信营销

海底捞的服务理念和营销经验曾被众多企业争相学习和效仿，作为国内知名的餐饮连锁机构，海底捞是较早实现将线下商务与互联网相结合的企业。

随着微信的发展与普及，海底捞迅速涉足微信营销。用户通过微信关注海底捞的微信公众平台，不仅可以浏览精美的菜品，还可以实现微信订座和送餐上门的服务（见图 12-6）。

图12-6　海底捞火锅微店

12.2.1　口碑营销获得大量粉丝

众所周知，海底捞是国内餐饮业最具口碑的连锁服务机构之一。作为最早接触线上线下电子商务的餐饮企业，海底捞凭借其优质的服务获得了点评网、微博等互联网平台上的好口碑，在短时间内迅速积累了大量的铁杆粉丝。一直以来，海底捞将服务客户、加强客户管理作为自己的目标。互联网时代为企业提供了更先进和便捷的方式来管理自己的用户，微信的诞生让海底捞的口碑营销进入了移动互联网平台。“Hi 说说”是海底捞微信平台上的一个特色，注册了海底捞会员的用户可以在这里留言，话题不止于用餐体验，海底捞的用户形成了自己的圈子，这是口碑营销的一种全新体验（见图 12-7）。

12.2.2 在线订座

每到用餐时间，海底捞门口就会排起长队，有的时候会排到一百多号，客户饿着肚子等待会觉得时间过得很漫长，海底捞的“Hi 门店”功能可以实现在线订座（见图 12-8）。开通微信订座以后，拿号排队的情况完全不是用餐的阻碍了，你可以合理安排好时间，在出家门之前订好座位，减少在现场的等候时间。

图12-7　Hi说说

图12-8　海底捞订座页面

12.2.3 送餐上门

“Hi 捞送”是海底捞开通的上门送餐服务，微信开通的上门送餐服务更是方便了想享用美食却不方便出门的顾客。你只要在手机客户端简单填写好送货信息，就可以坐在家里等着“饭来张口”了（见图 12-9）。

图12-9 Hi捞送

12.3 “皮皮妈的小铺”，卖牛排也能月入过万

“皮皮妈的小铺”是一家主营西餐牛排的微店，兼营进口食品、童装、干果零食。从开店伊始，小铺就以货真价实、美味无边声名鹊起，随着店主加大新产品的开发力度以及经营技巧的不断成熟，皮皮妈的小铺成为众多“吃货”的圣地，小铺的营业额也水涨船高，每月都能轻松过万（见图 12-10）。

图12-10 “皮皮妈的小铺”主页

12.3.1 货真味美

作为一家主营牛排的小店，店主在牛排的供货渠道上做足了文章：所选用的牛肉全部来自牛脊背一带最柔嫩的地方，这部分牛肉肉质细嫩，而且还带一点油花嫩筋，很有嚼劲，让人吃起来很享受。原料选材上好，而其烹制手法也非常高超，使得牛排不仅口感上佳，色彩也非常具有艺术感。正是因为在牛排选材上把关严格，烹制手法高超，喜欢吃牛排的人在社交平台上对其产品青睐有加，继而带动了更多的人关注“皮皮妈的小铺”，在消费者群体中迅速聚集了人气，树立了口碑（见图 12-11）。

图12-11　小铺中货真味美的商品

12.3.2　薄利多销

“皮皮妈的小铺”原料虽然选用上等的牛肉，但是售价却很亲民，不仅可以作为专业人员的牛排采购渠道，也是大众消费者选购牛排的热门店铺。“皮皮妈的小铺”店主从开业伊始就坚持“薄利多销”的原则，在获得合理利润的前提下最大限度地让利于消费者。这种经营理念让其店内的商品看起来“高大上”，买起来却感觉“亲切”“阳光”，将西餐牛排的“高冷”变成了“邻家女孩”般的温馨。这样一来，牛排不再是专业人士和商务人士的专属，而是“走进”了千家万户，登上了消费者的餐桌，“皮皮妈的小铺”就跳出了服务某一特定人群的桎梏，成为食客偶像店铺（见图 12-12）。

图12-12　味美但是价却不高

12.3.3　用活动拴牢消费者的心

“皮皮妈的小铺”店主深谙“无活动不买卖”的微店销售“大法”，在策划微店商品销售活动上很有创新。针对消费者普遍希望少花钱甚至是不花钱就能购买到好产品的购物心理，定期举办各种促销活动，不仅在商品价格上让利，而且还积极组建各种微信群、QQ 群，加强和消费者之间的互动，成功地拉近了和消费者之间的距离，和很多消费者成了朋友。“皮皮妈的小铺”人气就提升了上来，很多消费者在活动期间积极向亲朋好友推荐，更进一步提升了“皮皮妈的小铺”的影响力，使其在消费者信任背书下快速地树立起了口碑（见图 12-13）。

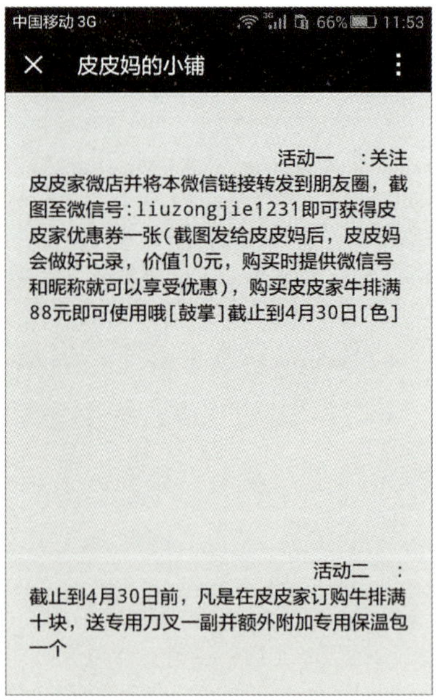

图12-13　丰富多彩的活动

12.4　森马，摇出大奖的偶像微店

森马是国内休闲服行业迅速崛起的品牌，其诞生伊始就凭借着追求高品质、低价格的经营策略，在 16~28 岁青春时尚一族中打出了自身名气，迅速发展为中国驰名商标。进入“互联网 +”时代，森马紧跟时代潮流，开设了微店，并且经营有方，不仅提升了产品的总体销量，更是将森马品牌形象植入到更多的消费者心中，树立了良

好的口碑。

12.4.1 邀请明星代言

森马品牌的定位就是“引导时代潮流”，从其广告语中就能略窥一斑，诸如“穿什么潮我看”“穿什么是什么”“时尚潮人帮”等，无不彰显年轻人追求时尚潮流的“本性”和魅力。为此森马邀请的品牌代言人都是当代的偶像级人物，这些偶像级明星因为在年轻人群体中具有巨大的人气，其号召力也是超强的，他们的代言提升了森马的品牌形象，巩固了森马“潮牌”定位。而森马微单则很好地体现了这种明星营销策略，不仅推送各种明星代言信息，还会向关注微店的粉丝们提供特别福利，诸如明星手机壁纸下载等，极大地提升了森马微店的人气，使之成为年轻人追星的阵地（见图 12-14）。

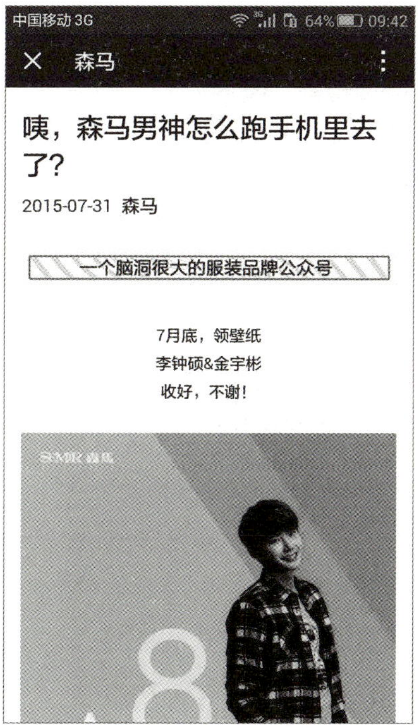

图12-14 人气超高的明星代言

12.4.2 播报偶像动态

偶像的力量是无穷的，特别是对年轻人来说，追星已经成了一种生活常态，他们关注偶像的一言一行，关注偶像的穿着打扮，为此不惜花费时间和精力去收集情报。森马微店利用年轻消费者的这种追星心理，在微店托送中加入了人气明星的动态新闻，将自己包装成了明星最新动态集散地，形成了巨大的磁场，吸引大量年轻人关注，形成了超高的人气。

另外森马还“真刀实枪”地举办明星见面会，深入参与到明星和粉丝的互动中去，在互动的过程中提升自身的人气，树立品牌口碑（见图 12-15）。

图12-15 森马微店上的明星见面会视频

12.4.3 摇奖抽奖不含糊

森马微店除了利用明星效应抬高人气外，还依靠各种摇奖打折活动凝聚人气和商机，营造一种“天天有活动，时时可摇奖”的购物氛围。而且在奖品设置上，森马所提供的也是在年轻人中非常有人气的物品，比如苹果手机、歌星演唱会门票，等等。这样一来，森马的每次摇奖活动都能吸引大量的年轻人参加，而人气的飙升则带动了产品的销售，让森马获得了巨大的利润（见图 12-16）。

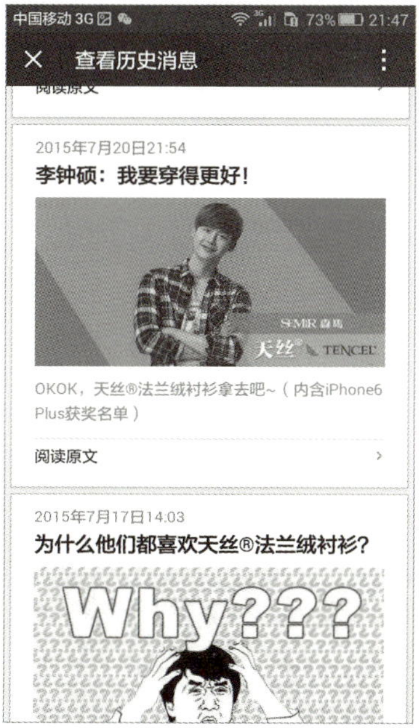

图12-16 森马微店公布获奖人员名单

12.5 “鳕鱼”，朋友圈里的甜点大王

随着移动互联网的快速发展，微信用户基数变得越来越庞大，凭借着庞大的用户基数，微信朋友圈也成功“上位”，成为当下最热门的“圈子”。“鳕鱼”微店正是看到了微信朋友圈中的巨大商机，从建店伊始就注重在微信朋友圈的营销，并且借助巧妙的营销方式，成为朋友圈中的甜点大王（见图 12-17）。

图12-17 “鳕鱼”微店主页

12.5.1 将甜品卖给朋友

“鳕鱼”之所以在开店伊始将推广的目光锁定在微信朋友圈，在于朋友圈中大家的关系都比较熟，有一定的信任基础，对刚刚开店的人来说，卖甜品给朋友比卖给陌生人肯定会容易很多，易于打开销路，建立起继续经营的信心。所以“鳕鱼”从甜品小店开张的那天起，就开始在朋友圈进行营销，推广自己的甜品。“鳕鱼”坚信朋友圈虽小，但是只要营销得当，就一定能够获得别人的信赖，成为大家购买甜品的第一选择（见图 12-18）。

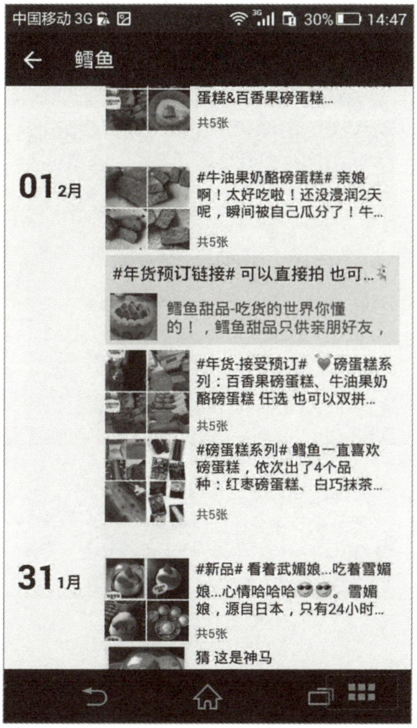

图12-18　在朋友圈推销甜品

12.5.2　货真价实，获得信任背书

“鳕鱼”在朋友圈推广坚持货真价实的原则，严把产品质量关，其推出的甜品不仅口味上佳，而且还以“个大”“分量足”而闻名于朋友圈，成为大家谈论的焦点和争相购买的对象，每天的甜点刚刚上架就会被朋友圈众人抢购一空。

最为重要的是，“鳕鱼”甜品以其良好的声誉获得了朋友圈众人的信任背书，他们积极地向身边的亲朋好友推荐，使得“鳕鱼”微店口碑迅速地传播开来，成为各个朋友圈中讨论的焦点。正是立足于这种信任背书，“鳕鱼”甜品迅速地获得了消费者的信任，打造出了爆款产品（见图 12-19）。

图12-19 “超值”的甜品分量

12.5.3 占领朋友们的碎片化时间

现在很多人都患上了手机依赖症，特别是微信出现以后，大家更是到了手机不离手的程度（见图 12-20）。很多人吃饭的时候玩手机，排队的时候玩手机，走路的时候也在玩手机，朋友聚会的时候大家围坐在一起却很少沟通，各自玩着手机。起床后的第一件事情就是去摸手机，看看有什么漏掉的微信消息；晚上躺在床上，也会抱着手机刷屏不止……这些时间就是人们的碎片化时间。

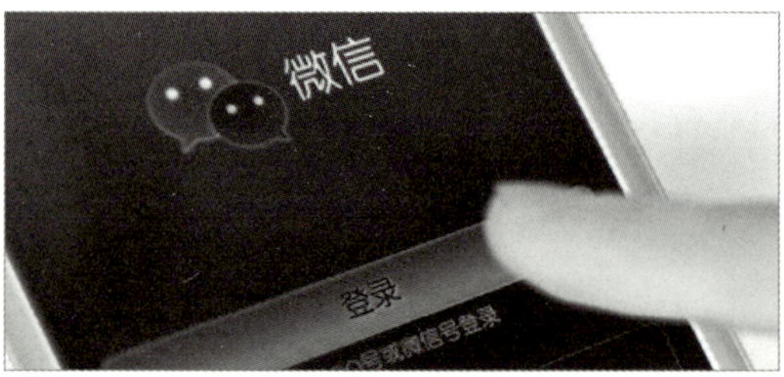

图12-20 登录微信

那么如何占领好友的碎片时间呢？最简单的方法就是按照一定的节奏发布朋友圈，用精彩的内容吸引别人和你互动，让别人在微信评论互动里跟你玩在一起，这样你就成功占领了客户的碎片化时间了。

12.6 “钻石小鸟”，微店卖到缺货

“钻石小鸟”是国内最早从事网络钻石营销的专业珠宝品牌，一直致力于引领全新的钻石消费潮流，现如今已经成为中国网络钻石销售的领先品牌。在“互联网 +”时代，其再接再厉，从网络电商平台转战微店，依靠先进的经营理念和创新性的营销策略，卖钻石卖到缺货，创造了钻石行业微店销售的奇迹。

12.6.1 全新模式吸引消费者

“钻石小鸟”采用“线上订单购买 + 线下体验中心服务”的全新销售模式，为广大消费者带来了多维度的便捷购钻渠道。不论消费者在网络世界还是体验中心，都能够享受到独特的一对一购钻体验，体验到钻石的华丽之美（见图 12-21）。

图12-21 “钻石小鸟”微店体验中心

12.6.2 钻戒DIY

“钻石小鸟”向用户提供钻戒 DIY 服务，消费者在微店可以先行选择适合自己的裸钻（见图 12-22），然后再配置上自己心仪的戒托，定制只属于自己的钻戒款式。凭借着这种创新性的服务，“钻石小鸟”将钻石打造成了用户

个性的一部分，让原本冰冷的石头融入了用户的感情，紧紧抓住了用户的心，开了钻石行业风潮之先河。

证书	颜色	净度	切工	主石重	上柜价
GIA	D	VVS1	EX	0.3	5600
GIA	D	SI1	EX	0.3	3900
GIA	E	VS2	EX	0.3	4200
GIA	E	SI1	EX	0.3	3900
GIA	F	IF	EX	0.3	5200
GIA	F	VS2	EX	0.3	4100
GIA	G	VS2	EX	0.3	4100
GIA	H	VS2	EX	0.3	4100
GIA	H	SI1	EX	0.3	3900
GIA	I	SI2	EX	0.3	3200

图12-22 “钻石小鸟”裸钻价格表

12.6.3 营造良好的钻石文化

“钻石小鸟”微店始终坚持为用户营造一种美好的文化氛围，通过自身不断的努力，坚持传播钻石文化，推广钻石生活理念，让更多的人去领会钻石背后的美好，体验钻石带来的永恒。大力推广钻石文化，在一定意义上提升了人们对钻石认知的层次，反过来又提升了人们的钻石消费欲望，提升了微店产品的销售数量。可以说“钻石小鸟”推送的美丽文案，在普及钻石文化的同时，也向人们灌输了更强烈的钻石消费理念（见图 12-23）。

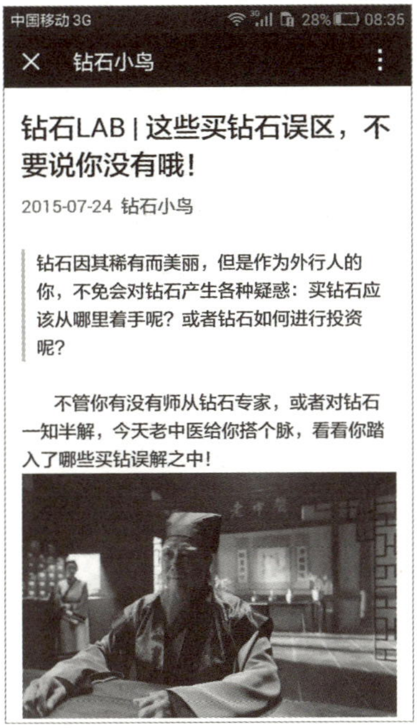

图12-23　“钻石小鸟”推广钻石文化

12.6.4　不断追求品质的卓越精神

“钻石小鸟”对钻石品质的追求是从来没有停止过的，力求每一颗钻石都是精品，照亮用户的生活。另外，“钻石小鸟”追求卓越的精神也体现在每一个细节上，如对每一位用户购钻的贴心关爱、对用户佩戴感受的细致揣摩，以及为客户提供细致周到的会员服务，可以说，每一个钻石从加工打磨到佩戴于用户的指尖，都体现了“钻石小鸟”追求卓越的精神，倾注了“钻石小鸟”对爱情的呵护和坚定追求。

12.7　“叫个鸭子”，红透朋友圈的微信店铺

2015 年，整个微信朋友圈最欢乐的事情之一就是集体“叫个鸭子”（见图 12-24）。不管是单身的男女还是结婚的夫妻，不论是工薪阶层还是明星大腕，都积极热情

地参与到了“叫鸭”活动中。由此，微店“叫个鸭子”被推到了舆论前沿，成为大众追捧的焦点。

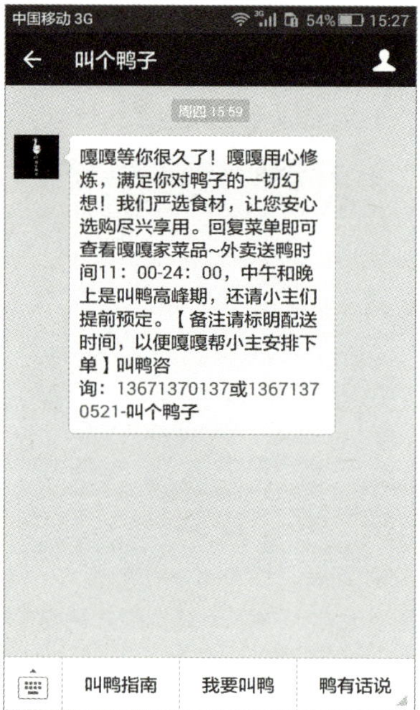

图12-24 “叫个鸭子”微店主页

那么在“互联网 +”时代，微店“叫个鸭子”为什么会获得如此彻底的成功呢？

12.7.1 明星“晒鸭”引爆舆论

2014 年上半年，产品公开发布之前，“叫个鸭子”创始人曲博在微信朋友圈进行“封测”，结果好评如潮，人们不仅纷纷点赞，而且还主动“晒鸭”，向身边的亲朋好友推荐。在他的朋友圈中不乏娱乐圈明星，粉丝众多，他们的“晒鸭”图片发布后，“叫个鸭子”还没开张就红火起来。不仅明星帮忙，圈子里的企业家也非常看好“叫个鸭子”微店，一边转发各种“叫鸭”段子，一边在朋友圈要求员工学习曲博的文案（见图 12-25）。等到 5 月 16 日开业，不到 40 天，烤鸭店每天的订单量就突破了 100 单。

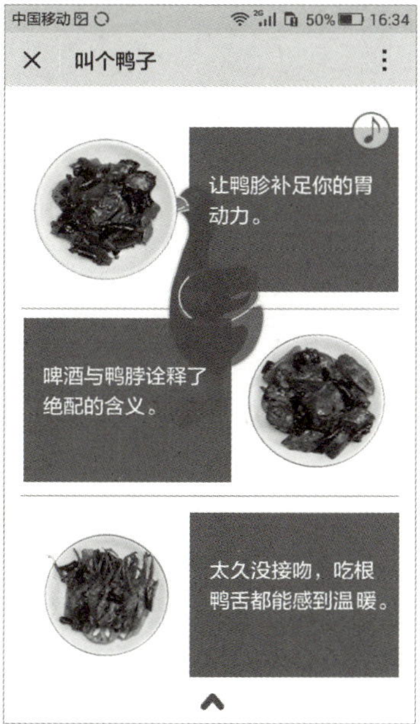

图12-25　图文并茂的文案

有着众多明星大腕的信任背书，“叫个鸭子”想不火都难——开业仅仅 2 个月，曲博就完成了天使投资：5 个投资人一共投资了 600 万元。

12.7.2　精准定位消费群体

“叫个鸭子”之所以火，除了有明星大腕相助之外，还在于其精准的消费群体定位——女性消费者。女性相对于男性更乐于叫外卖，她们当时的理由可能有很多，但是归根结底只有一个，那就是“懒”。“叫个鸭子”的出现，给了女性一个不用做饭的更好理由。

为了能够最大限度地赢得女性消费者的信任和好感，“叫个鸭子”的外卖小哥都非常帅，个个堪称花样美男，而且还根据颜值的高低选拔出了“三大鸭王”。这样一来，邂逅外卖小哥也就成了很多年轻女性最快乐的事情，一时间，“叫个鸭子”的订单量不断飙升（见图 12-26）。

图12-26 “鸭王”深受女性消费者欢迎

12.7.3 围绕热点推出各种套餐，扩大影响

“叫个鸭子”微店非常善于利用热点做文章，制定各种套餐，引爆消费者的消费热情。比如在世界杯期间，“叫个鸭子”便推出了“红牌黑哨”（进口丹麦红啤和德国黑啤）等足球套餐,策划了“压寨夫人”“零鸭蛋”选拔等活动。这些套餐的适时推出，再加上各种优惠活动，每每都会引发社交网络上的点赞和转发狂潮，微信、微博等国内主流社交软件全面“沦陷”。

12.7.4 死磕细节，提升用户体验满意度

“互联网 +”时代，微店想要做好做精，就必须死磕细节，在提升用户消费满意度上做文章。有一次，有位客户在电话订鸭的时候不经意间谈到了自己刚刚失恋，接线员听到之后便主动自掏腰包为这位客户买了一只烤鸭，作为“慰问品”。曲博知道

后对接线员大加赞赏，认为接线员将服务做到了细节里，做到了用户的心坎中，而且授权给所有接线员，只要用户“有故事”，都有获得免单的权利。

有了老板的授权，“叫个鸭子”员工在服务用户的时候也就变得越来越细心，成了消费者的“贴心小棉袄”。曾经有位用户在朋友圈听到别人对“叫个鸭子”的介绍，便到微信平台点餐尝鲜，支付后却惊讶地发现对方原来是个冒牌货——“叫只鸭子”。更过分的是，对方根本就是个骗子，等到用户支付完成后就彻底消失不见了。“叫个鸭子”的一位员工了解到这位用户的遭遇后，不仅免费送了他一只烤鸭，而且还免了外卖费。

12.8 暖赏荟微店，微信与微店的成功“结合”

暖赏荟微店是一家以经营自创品牌 Miss Ding 面膜及欧洲、韩国进口服装为主的人气微店。自开店至今，暖赏荟凭借着产品的时尚性和推销手段的独特性，快速地走近了消费者，提升了人气，树立了口碑，成为众多女性选购商品的首选之地（见图 12-27）。

图12-27 暖赏荟微店主页

12.8.1 将微信和微店完美结合

众所周知，微店和微信之间从本质上看没有丝毫的联系，很多微店商家在经营微店的时候很少想到微信，终日盯着手机等着“上钩”的消费者，但是最终购物者却寥寥无几。暖赏荟微店却不同，店主很聪明地将微信和微店结合在了一起，充分发挥微信自媒体的宣传作用，将微信打造成了宣传微店的桥头堡（见图 12-28），而微店则成为向消费者展示商品的“阵地”，以其精美的装修和丰富的商品深深地吸引了消费者的关注。

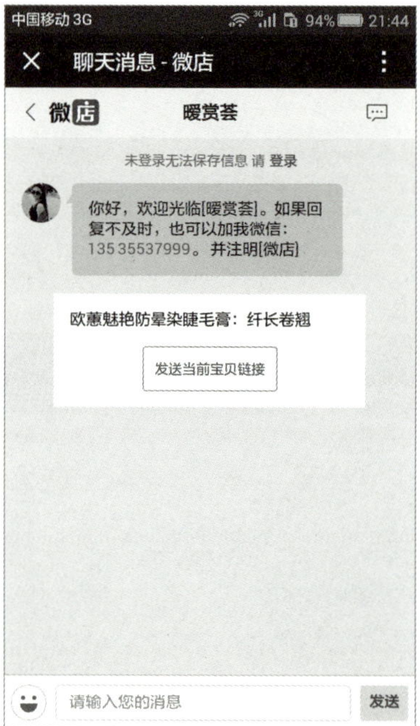

图12-28 商家将微信号设置于自动回复中

12.8.2 用代理模式将产品传遍各处

暖赏荟为了最大限度地营销自创品牌 Miss Ding 面膜，大力发展代理。暖赏荟商家以其商品中间差价形成的高利润吸引着众人，让大家意识到代理暖赏荟产品是一种不错的盈利方式。正是基于这一点，暖赏荟商家寻找到了更多的产品代理商，使得产品知名度迅速提升，快速地树立起了口碑（见图 12-29）。

图12-29 鼓励别的商家代理自有品牌商品

图12-30 搞怪的模特

12.8.3 店面风格幽默风趣

暖赏荟微店在店面风格上努力营造一种有别于其他微店的幽默风趣氛围，让消费者登录到微店之后能够享受到轻松的购物环境。暖赏荟微店店主亲自上阵当模特，试穿店内的服装，拍摄商品照片。在这些照片中，不乏一些“非标准”图片（见图 12-30），店主会做出一些夸张的动作，非常有幽默感，让人觉得很萌，很亲近，很有趣。正是这种幽默风趣的店铺风格，让消费者乐于登录微店，乐于选购商品。

12.9 "王小姐的裁缝店"，微店虽小但大牌不断

"王小姐的裁缝店"是一家经营各种品牌服装的小店铺。此店铺虽然开在微店上，体积小，但牌子却很"大"，其经营的品牌经常给人一种惊艳之感，于是渐渐吸引了大批的粉丝，发展成为一家人气店铺（见图 12-31）。

图12-31 "王小姐的裁缝店"微店页面

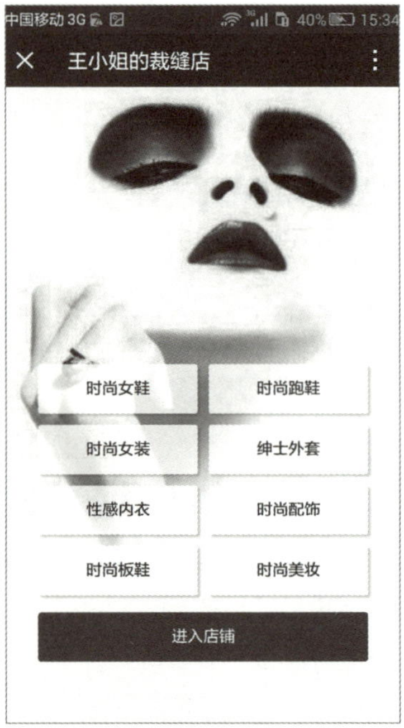

图12-32 定位精准，瞄准时尚一族

12.9.1 定位明确，紧抓目标人群

"王小姐的裁缝店"将目标消费人群定位于时尚一族，这类人群对时尚元素非常敏感，喜欢将自己打扮得新潮别致，为此舍得花出大把的人民币。基于这样的消费人群定位，"王小姐的裁缝店"在商品布置上也很有针对性，所有的商品都坚持走"时尚"路线，诸如时尚女装、时尚跑鞋、时尚女鞋、时尚配饰、时尚板鞋、时尚美妆等，都

深深地吸引了时尚年轻一族和追求潮流人群，在短时间内就聚集了大量的粉丝，迅速地提升了微店的人气，获得了丰厚的利润（见图 12-32）。

12.9.2 用品牌聚集人气

“王小姐的裁缝店”坚持“以品牌带动人气”的经营策略，借助品牌的巨大号召力，不断地凝聚粉丝，提升自身的人气。现代社会，人们在购物时对品牌的重视程度远超以往，一家微店有了令人瞩目的品牌，就等于有了聚集人气的“吸铁石”，人气提升了，微店商品的销售额自然也就有了保证（见图 12-33）。

图12-33 微店随处可见大品牌

12.9.3 品质上乘，口碑取胜

“王小姐的裁缝店”上架的所有产品都是从正规渠道进的货，保证了产品身份的纯正，货真价实，童叟无欺。正是这种经营理念，使得“王小姐的裁缝店”在消

费者心中树立起了极好的口碑，让每一位闻名而来的消费者满怀希望进店，购物之后收获售后服务的惊喜，继而成为回头客，将微店作为之后购物的首选之地（见图12-34）。

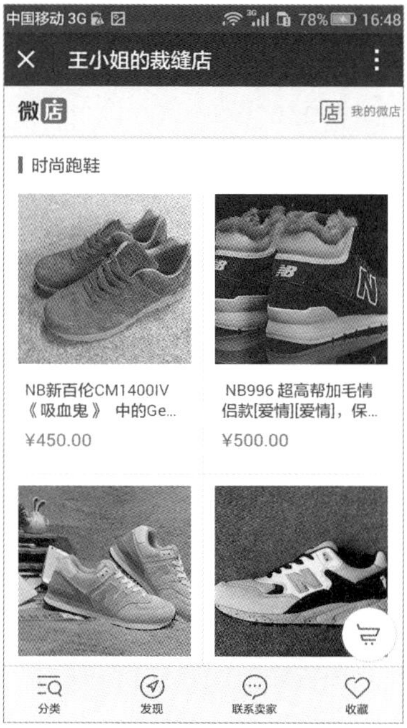

图12-34　货真价实赢得良好口碑